우정사업본부 · 우체국 · 지방우정청 우ㅇ

계리직 공무원

우편상식

기출예상문제집

SD에듀
㈜시대고시기획

계리직이란?

우정사업본부에서 하는 사업은?

우정사업본부(지방우정청)는 과학기술정보통신부 산하기관으로, 핵심 업무인 우편물의 접수 · 운송 · 배달과 같은 우정사업을 비롯하여 우체국보험 등 금융 관련 사업에 관한 정책을 수립하고 집행하는 일을 담당합니다.

우 편   예 금   보 험

계리직 공무원이 하는 일은?

계리직 공무원의 직무는 우체국 금융업무, 회계업무, 현업창구업무, 현금수납 등 각종 계산 관리업무와 우편통계관련업무입니다.

우체국 금융업무   회계업무   현업창구업무   계산관리업무   우편통계관련업무

계리직 공무원을 선호하는 이유는?

하나. 시험 부담 DOWN

계리직 공무원의 필기시험 과목은 한국사, 우편상식, 금융상식, 컴퓨터일반 4과목으로 타 직렬에 비하여 비교적 시험과목이 적어 수험생들에게 인기 있는 직렬 중 하나입니다.

둘. 업무 만족도 UP

계리직은 대부분 발령이 거주지 안에서 이루어지므로 거주지 이전의 부담이 적습니다. 또한 업무 특성상 명절 기간 등을 제외하고는 야근을 하는 일이 드물어 업무 만족도가 높은 편입니다.

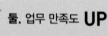

시험 안내

주관처

우정사업본부 및 지방우정청

응시자격

학력 · 경력	제한 없음
응시연령	만 18세 이상
결격사유	다음에 해당하는 자는 응시할 수 없음 ① 「국가공무원법」 제33조의 결격사유에 해당되는 자 ② 「국가공무원법」 제74조(정년)에 해당되는 자 ③ 「공무원임용시험령」 등 관계법령에 의하여 응시자격을 정지당한 자(판단 기준일: 면접시험 최종예정일)
구분모집 응시대상자	① 장애인 구분 모집 응시 대상자 「장애인복지법 시행령」 제2조에 따른 장애인 및 「국가유공자 등 예우 및 지원에 관한 법률 시행령」 제14조 제3항에 따른 상이등급 기준에 해당하는 자 ② 저소득층 구분 모집 응시 대상자 「국민기초생활 보장법」에 따른 수급자 또는 「한부모가족지원법」에 따른 지원대상자에 해당하는 기간이 응시원서 접수일 또는 접수마감일까지 계속하여 2년 이상인 자
거주지역 제한	공고일 현재 모집대상 권역에 주민등록이 되어 있어야 응시할 수 있음

시험과목 및 시험시간

시험과목	① 한국사(상용한자 2문항 포함) ② 우편상식 ③ 금융상식 ④ 컴퓨터일반(기초영어 2문항 포함)
문항 수	과목당 20문항
시험시간	80분(문항당 1분 기준, 과목별 20분)

※ 필기시험에서 과락(40점 미만) 과목이 있을 경우 불합격 처리됩니다.

※ 세부 사항은 시행처의 최신 공고를 확인해 주세요.

총평

우정사업본부 발표에 따르면 2022년 우정 9급(계리) 공무원 선발인원은 2021년 331명에서 464명으로 증가한 반면 지원자는 24,364명에서 17,999명으로 줄면서 경쟁률이 평균 73.6 대 1에서 38.8 대 1로 크게 하락하였습니다. 지원자 17,999명 중 11,035명이 응시하여 61.3%의 응시율을 나타냈는데, 이는 2021년 대비 4.6%p 하락한 것으로 2021년의 경우 지원자 24,364명 중 16,046명이 응시해 65.9%의 응시율을 기록하였습니다.

2022년의 필기시험은 기존의 우편상식 및 금융상식 과목이 분리되어 한국사, 우편상식, 금융상식, 컴퓨터일반 4과목으로 치러진 첫 시험이었습니다. 전체 문항 수도 60문항에서 80문항으로 증가했고, 과목이 분리된 만큼 공부해야 할 시험범위도 넓어져 수험생들에게는 부담이 될 수 있었습니다.

우정사업본부는 2024년 시행 시험부터 다음의 변경사항을 예고했습니다.

- **한국사능력검정제 도입** | 시험의 공신력 향상을 위해 기존 필기시험 과목 중 한국사를 한국사능력검정시험으로 대체
- **직무관련 과목 확대** | 직무관련성이 높은 금융상식(20문항)을 예금일반(20문항)과 보험일반(20문항)으로 세분화하여 업무전문성 및 시험 변별력 확보
- **실무위주 문제 출제** | 업무관련성이 낮은 컴퓨터일반의 알고리즘, 프로그래밍 언어론 및 학습동기 유발이 없는 상용한자를 출제범위에서 제외
- **창구업무를 주로 수행하는 계리직종의 특성을 고려하여 기초영어는 생활영어 중심으로 개선하고 문항 수 확대 (2문항 ➡ 7문항)**

2024년 시험을 대비하기 위해서는 먼저 한국사능력검정시험을 준비해야 하며, 금융상식 과목이 분리·확대된 만큼 우정사업본부에서 제공하는 학습자료를 바탕으로 꼼꼼하게 학습해야 합니다. 또한 영어 과목의 문항이 생활영어 중심으로 확대·개편되므로 창구업무에서 사용될 수 있는 다양한 숙어와 표현을 학습해야 합니다.

2023년 시행 예정인 시험은 2022년과 동일하게 진행될 예정이므로, 2022년 시험을 준비하였던 수험생들에게는 좀 더 수월하게 느껴질 수도 있습니다. 다만, 2022년 필기시험의 전체적인 난도가 중상 이상으로 높게 체감되었던 만큼 좀 더 세분화해 꼼꼼하게 학습하는 자세가 필요합니다.

2022년 계리직 지역별 지원자 및 응시율

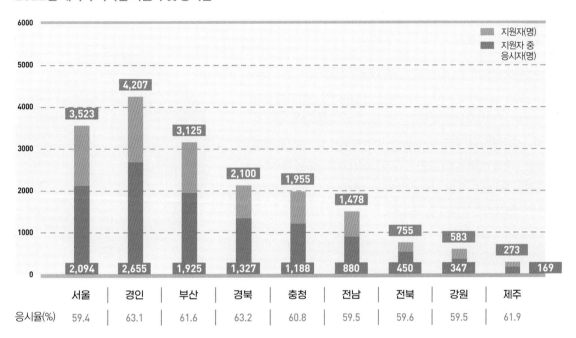

	서울	경인	부산	경북	충청	전남	전북	강원	제주
응시율(%)	59.4	63.1	61.6	63.2	60.8	59.5	59.6	59.5	61.9

지원자(명): 3,523 / 4,207 / 3,125 / 2,100 / 1,955 / 1,478 / 755 / 583 / 273

지원자 중 응시자(명): 2,094 / 2,655 / 1,925 / 1,327 / 1,188 / 880 / 450 / 347 / 169

2022년 계리직 시험 지역별 합격선 및 경쟁률

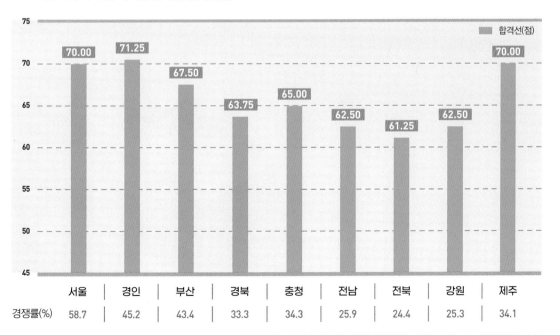

합격선(점): 70.00 / 71.25 / 67.50 / 63.75 / 65.00 / 62.50 / 61.25 / 62.50 / 70.00

	서울	경인	부산	경북	충청	전남	전북	강원	제주
경쟁률(%)	58.7	45.2	43.4	33.3	34.3	25.9	24.4	25.3	34.1

※ 합격선은 각 지방 우정청별 '일반'부문 합격선을 기준으로 수록하였습니다.

기출분석 및 학습 안내

우편상식 기출분석

2022년에 과목이 분리되어 처음으로 시행된 우편상식은 중상 정도의 난도로 출제되었습니다. 국내우편은 전 범위에서 균형 있게 출제되었으나, 국제우편은 국제우편 총설, 국제우편물 종별 접수요령, 국제우편요금, 주요 부가서비스 및 제도에서 집중적으로 출제되는 경향을 보였습니다. 또한 한 문제 내에서 여러 챕터를 아우르는 종합형 문제들도 있어 단순암기보다는 세부적인 특징과 흐름 및 처리과정에 대한 이해가 필요합니다.

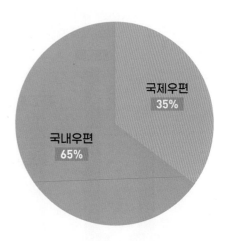

국제우편
35%

국내우편
65%

우편상식 학습 안내

기존의 우편 및 금융상식 과목은 2022년 시험부터 우편상식·금융상식 2과목으로 분리되어, 각 과목당 20문항씩 출제됩니다.

우편상식은 학습자료가 새로 공개될 때마다 기존 학습자료에서 추가되거나 삭제되는 내용들이 발생하기 때문에, 우정사업본부에서 최신 학습자료가 공개될 때까지 수험생들을 안심할 수 없게 만드는 과목입니다. 특히 금융상식과 분리되면서 공개된 학습자료를 보면, 늘어난 출제문항 수에 맞춰 내용도 꽤 많이 추가되었음을 알 수 있습니다.

법 과목 자체의 생소함과 시험 날짜에 임박해서까지 암기해야 한다는 압박감에 계리직을 준비하는 수험생들이 가장 까다로운 과목으로 우편상식, 금융상식을 꼽고 있습니다.

한정된 수험준비기간 내에 고득점을 위해서는 핵심을 파악해서 집중적으로 학습하는 것이 중요합니다.

학습 포인트

▶ **하나**
우편상식은 수시로 개정되는 과목이므로 시험공고와 함께 발표된 학습자료를 꼼꼼하게 체크해야 합니다.

▶ **둘**
우편의 특징들을 정리하여 자신만의 암기노트를 만들어 보는 것이 좋습니다.

▶ **셋**
처음부터 통독을 목표로, 독학보다는 온라인 강의와 함께 회독 수를 늘려가며 공부하는 방법이 효율적입니다.

CONTENTS

목차

PART 01 **단원별 기출예상문제**

003 CHAPTER 01 국내우편

061 CHAPTER 02 국제우편

PART 02 **최신/최근 기출문제**

097 CHAPTER 01 2022 최신 기출문제

111 CHAPTER 02 최근 기출문제

PART

01 | 단원별 기출예상문제

CHAPTER 01   국내우편

CHAPTER 02   국제우편

잠깐!

혼자 공부하기 힘드시다면 방법이 있습니다.
SD에듀의 동영상강의를 이용하시면 됩니다.
www.sdedu.co.kr → 회원가입(로그인) → 강의 살펴보기

국내우편

| STEP1 | 총론

01 다음 중 우편사업의 보호 규정에 대한 설명으로 가장 옳은 것은?

① 우편운송 시 통행이 곤란한 경우는 담장, 울타리 없는 택지 등을 통행할 수 있으며, 그 주인은 이를 거부할 수 있다.

② 우편업무 집행 중에 사고를 당하였을 경우 조력을 요구받은 자는 이를 거부할 수 있다.

③ 우편에 관한 서류를 포함한 우편전용 물건은 제세공과금의 부과 대상이 되지 않는다.

④ 우편업무를 위해서만 사용하는 물건이나 우편업무를 위해 제공되는 물건에 대해서 압류할 수 있다.

① 운송원 등의 통행권: 우편운송원, 우편집배원과 우편물을 운송 중인 항공기, 차량, 선박 등은 도로의 장애로 통행이 곤란할 경우에는 담장이나 울타리 없는 택지, 전답, 그 밖의 장소를 통행할 수 있다. 이 경우 우편관서는 피해자의 청구에 따라 손실을 보상하여야 한다.

② 운송원 등의 조력청구권: 우편업무를 집행 중인 우편운송원, 우편집배원과 우편물을 운송 중인 항공기, 차량, 선박 등이 사고를 당하였을 때에는 주위에 조력을 청구할 수 있으며, 조력의 요구를 받은 자는 정당한 사유 없이 이를 거부할 수 없다. 이 경우 우편관서는 도움을 준 자의 청구에 따라 적절한 보수를 지급하여야 한다.

④ 우편업무 전용 물건의 압류 금지: 우편업무를 위해서만 사용하는 물건이나 우편업무를 위해 사용 중인 물건은 압류할 수 없다.

답 ③

02 국가의 서신독점권에 대한 내용으로 옳지 <u>않은</u> 것은?

① 신문, 정기간행물, 서적, 상품안내서 등 대통령령으로 정하는 것은 서신에서 제외한다.
② 중량이 350그램을 넘거나 기본통상우편요금의 10배를 넘는 서신은 위탁이 가능하다.
③ 국가를 제외한 사인(私人)은 원칙적으로 타인을 위한 서신의 송달행위를 업으로 하지 못한다.
④ 회사가 자기의 조직이나 계통을 이용하여 타인의 서신을 전달하는 행위는 원칙적으로 국가의 서신독점권을 침해하지 않는다.

 사인(私人)은 원칙적으로 타인을 위한 서신의 송달행위를 업으로 하는 것뿐만 아니라, 자기의 조직이나 계통을 이용하여 타인의 서신을 전달하는 행위도 할 수 없다. 다만, 국내에서 회사의 본점과 지점 간 또는 지점 상호 간에 수발하는 우편물로서 발송 후 12시간 이내에 배달이 요구되는 상업용 서류는 서신에서 제외되므로 서신독점권의 대상에 포함되지 않는다.

답 ④

03 다음 중 우편 이용관계자가 <u>아닌</u> 사람은?

① 우편관서
② 발송인
③ 수취인
④ 과학기술정보통신부장관

 우편 이용관계자는 우편관서, 발송인, 수취인이다.

답 ④

> **더 알아보기⊕**
>
> 우편의 이용관계
> • 우편 이용관계는 이용자가 우편 서비스 제공을 목적으로 마련된 인적 · 물적 시설을 이용하는 관계이다.
> • 우편 이용자와 우편관서 간의 우편물 송달 계약을 내용으로 하는 사법(私法)상의 계약 관계(통설)이다. 다만, 우편사업 경영 주체가 국가이며 공익적 성격을 띠고 있으므로 이용관계에서 다소 권위적인 면이 있다.

04 다음 중 우편의 의의에 대한 내용으로 옳지 <u>않은</u> 것은?

① 좁은 의미의 우편은 우정사업본부가 책임지고 서신 등의 의사를 전달하는 문서나 통화, 그 밖의 물건을 나라 안팎으로 보내는 업무를 말한다.

② 우편은 전기적인 방법으로 정보를 전달하는 것을 포함한다.

③ 넓은 의미의 우편은 우편관서가 문서나 물품을 전달하거나 이에 덧붙여 제공하는 업무를 통틀어 이르는 말이다.

④ 우편은 국민이 일상생활에서 평균적인 삶을 꾸릴 수 있도록 국가가 제공하는 기본적인 사회 서비스이다.

 우편은 서신이나 물건 등의 실체를 전달한다는 점에서 전기적인 방법으로 정보를 전달하는 전기통신과는 구별된다.

정답 ②

더 알아보기⊕

전기통신
유선과 무선 · 광선 및 기타의 전자기적 방식에 의해 모든 종류의 기호 · 신호 · 문언 · 영상 · 음향 또는 정보의 모든 전송 · 발사 · 수신의 작용을 가리킨다. 이메일, 카카오톡 대화, 인터넷 메신저 등이 포함된다.

05 우편사업의 특성 및 우편의 이용관계에 대한 내용으로 가장 옳은 것은?

① 우편사업은 「우편법」에 따라 정부기업으로 운영되고 있기 때문에 국가가 직영하며, 과학기술정보통신부장관이 관장한다.

② 수취인은 우편 이용계약 당사자로서 원칙적으로 우편물 수취에 대한 의무 부담 없이 권리만을 가지지만, 예외적으로 요금수취인부담우편물의 경우에는 우편물 수취의무 및 우편요금 납부의무를 부담한다.

③ 우편사업은 콜린 클라크의 산업분류에 의하면 노동집약적 성격이 강한 3차 산업에 속하며, 많은 인력이 필요한 사업 성격 때문에 인건비는 사업경영에 있어서 큰 부담이 되고 있다.

④ 우편사업의 회계 제도는 특별회계로서 독립채산제를 채택하고 있으므로 다른 국가사업에 비하여 경영상의 제약이 약한 대신 적자가 나도 다른 회계에서 지원받을 수 없다.

① 우편사업은 「우편법」이 아니라 「정부기업예산법」에 따라 정부기업으로 정해져 있다.

② 수취인은 우편 이용관계자에 속하며, 요금수취인부담우편물의 경우에도 우편물 수취의무가 생기는 것이 아니라 우편물 수취에 대한 권리만을 가진다.

④ 우편사업의 회계 제도는 특별회계로서 독립채산제를 채택하고 있지만 이는 경영의 합리성과 사업운영 효율성을 확보하고 예산을 신축적으로 사용하기 위한 것일 뿐이고, 오히려 우편사업은 구성원이 국가공무원일 뿐만 아니라 사업의 전반을 법령으로 정하고 있기 때문에 경영상 제약이 많지만, 적자가 났을 때에는 다른 회계에서 지원을 받을 수 있다.

답 ③

06 다음 중 우편사업에 대한 설명으로 옳지 <u>않은</u> 것은?

① 우편 이용관계에 있어서는 제한능력자의 행위라도 능력자가 행한 것으로 간주된다.

② 우편 이용계약의 성립시기는 우체국 창구에서 직원이 접수한 때나 우체통에 넣은 때로 본다.

③ 우편사업은 정부기업으로 정해져 있고, 사업의 전반을 법령으로 정하고 있기 때문에 적자가 났을 때에는 다른 회계에서 지원을 받을 수 있다.

④ 우편 이용관계는 우편 이용자와 우편관서 간의 우편물 송달 계약을 내용으로 하는 공법상의 계약관계이다.

 우편 이용관계는 우편 이용자와 우편관서 간의 우편물 송달 계약을 내용으로 하는 사법(私法)상의 계약관계(통설)이다. 다만, 우편사업 경영 주체가 국가이며 공익적 성격을 띠고 있으므로 이용관계에서 다소 권위적인 면이 있다.

답 ④

07 우편사업의 관계법률에 대한 설명 중 옳지 <u>않은</u> 것은?

① 「우정사업 운영에 관한 특례법」은 경영 합리성과 서비스 품질을 높이기 위한 특례 규정이다.

② 별정우체국의 업무, 직원 복무 · 급여 등에 대한 사항은 「별정우체국법」에 규정되어 있다.

③ 「우편법」은 우정사업의 조직 · 인사 · 예산 · 경영평가, 요금 및 수수료 결정, 우정재산의 활용 등을 규정하고 있다.

④ 「우체국창구업무의 위탁에 관한 법률」은 우편취급국의 업무, 이용자보호, 물품 보급 등에 대한 사항을 규정한 법령이다.

「우편법」이 아니라 「우정사업 운영에 관한 특례법」에 규정된 내용이다. 「우정사업 운영에 관한 특례법」상 우정사업의 범위는 우편 · 우편환 · 우편대체 · 우체국예금 · 우체국보험에 관한 사업 및 이에 딸린 사업이고, 조직 · 인사 · 예산 · 경영평가, 요금 및 수수료 결정, 우정재산의 활용 등을 규정하고 있다.

답 ③

08 다음 (　　) 안에 들어갈 말을 차례로 나열한 것으로 옳은 것은?

> 우편 이용관계에서는 (　　)의 행위라도 능력자가 행한 것으로 간주되며, 법률행위에 하자가 발생한 경우를 제외하고는 그 행위에 대해 임의로 이용관계의 (　　)를 주장할 수 없다.

① 미성년자, 취소

② 피특정후견인, 무효

③ 제한능력자, 무효 또는 취소

④ 범죄자, 무효 또는 취소

제한능력자(무능력자)
- 혼자서 유효한 법률행위를 할 수 없는 사람
- 관련 법령: 미성년자(「민법」 제5조), 피성년후견인(「민법」 제9조), 피한정후견인(「민법」 제12조), 피특정후견인(「민법」 제14조의2)
- 유아, 만취한 사람 등 자기 행위에 따르는 결과를 판단할 수 없는 의사제한능력자도 포함

답 ③

09 다음 중 우편이용 계약의 성립시기로 옳은 것은?

① 우표를 붙였을 때

② 우편물이 수취인에게 도달했을 때

③ 집배원 접수 시 집배원에게 물건을 건넸을 때

④ 우체통에 투입한 때

우편이용 계약의 성립시기
- 우체국 창구에서 직원이 접수한 때나 우체통에 넣은 때를 계약의 성립시기로 본다.
- 방문접수와 집배원이 접수한 경우에는 영수증을 교부한 때가 계약 성립시기가 된다.

답 ④

| STEP2 | 우편서비스 종류와 이용조건

01 다음 중 의사전달물이 <u>아닌</u> 것은?

① 외국과 주고받는 국제서류

② 본점과 지점 간 또는 지점 상호 간에 주고받는 우편물로서 발송 후 12시간 이내에 배달이 요구되는 상업용 서류

③ 화물에 첨부하는 봉하지 아니한 첨부서류 또는 송장

④ 상품의 가격 · 기능 · 특성 등을 문자 · 사진 · 그림으로 인쇄한 12쪽 이상인 책자 형태의 상품안내서

 해설   상품의 가격 · 기능 · 특성 등을 문자 · 사진 · 그림으로 인쇄한 16쪽 이상(표지 포함)인 책자 형태의 상품안내서가 의사전달물에 해당한다.

目 ④

더 알아보기 ➕

서신 제외 대상(「우편법 시행령」 제3조)
- 「신문 등의 진흥에 관한 법률」 제2조 제1호에 따른 신문
- 「잡지 등 정기간행물 진흥에 관한 법률」 제2조 제1호 가목에 따른 정기간행물
- 다음의 요건을 모두 충족하는 서적
  - 표지를 제외하고 48쪽 이상인 책자의 형태로 인쇄 · 제본되었을 것
  - 발행인 · 출판사나 인쇄소의 명칭 중 어느 하나를 표시하여 발행되었을 것
  - 쪽수가 표시되어 발행되었을 것
- 상품의 가격 · 기능 · 특성 등을 문자 · 사진 · 그림으로 인쇄한 16쪽 이상(표지 포함)인 책자 형태의 상품안내서
- 화물에 첨부하는 봉하지 아니한 첨부서류나 송장
- 외국과 주고받는 국제서류
- 국내에서 회사(「공공기관의 운영에 관한 법률」에 따른 공공기관 포함)의 본점과 지점 상호 간 또는 지점 상호 간 주고받는 우편물로서 발송 후 12시간 이내에 배달이 요구되는 상업용 서류
- 「여신전문금융업법」 제2조 제3호에 해당하는 신용카드

02 다음 중 우체국소포 방문접수에 대한 설명으로 옳지 <u>않은</u> 것은?

① 우체국소포는 소포우편물 방문접수와 관련한 모든 업무를 대표할 수 있는 명칭으로 사용 가능하다.

② 개인고객의 방문접수 신청 시 해당 우체국에서 픽업한다.

③ 인터넷우체국을 통하여 신청하면 방문접수가 가능하다.

④ 정기 · 부정기 이용계약을 체결하여 안내전화 후 정해진 시간에 방문접수가 가능하다.

소포우편물을 자주 발송하는 경우에는 정기·부정기 이용계약을 체결하여 별도의 전화 없이도 정해진 시간에 방문접수한다.

답 ④

03 다음 중 정기간행물 등을 묶어 발송하는 띠종이의 요건으로 옳지 **않은** 것은?

① 발송인이 원하는 사항은 띠종이 앞면의 윗부분 1/2과 띠종이의 뒷면 전체 등 허락된 공간에만 표시할 수 있다.
② 정기간행물이 신문형태인 경우 발송인 주소·성명·우편번호는 뒷면에 기재한다.
③ 정기간행물이 신문형태가 아닌 경우 띠종이가 발송하는 우편물의 전부를 덮는 크기여야 한다.
④ 발송할 우편물 윗부분에 고정하여 움직이지 않게 밀착시켜야 한다.

띠종이는 발송할 우편물 아랫부분에 고정하여 움직이지 않게 밀착시켜야 한다.

답 ④

더 알아보기⊕

정기간행물 등을 묶어 발송하는 띠종이의 요건
• 띠종이의 크기
 - 신문형태 정기간행물용: 세로(70mm 이상)×가로(최소 90mm~최대 235mm)
 - 다른 형태 정기간행물용: 우편물을 전부 덮는 크기
• 그 밖의 사항
 - 우편물 아랫부분에 고정하여 움직이지 않게 밀착
 - 신문형태의 경우 발송인 주소·성명·우편번호는 뒷면 기재
 - 신문형태가 아닌 정기간행물 크기가 A4(297mm×210mm) 이하인 경우 우편물 원형 그대로 띠종이 사용. 단, 접어둔 상태가 편편하고 균일한 것은 접어서 발송 가능

04 통상우편물의 발송요건으로 옳지 **않은** 것은?

① 통상우편물은 봉투에 넣어 봉함하여 발송하는 것을 원칙으로 한다.
② 봉투에 넣어 봉함하기가 적절하지 않은 우편물은 발송할 수 없다.
③ 요건에 적합하게 제조한 사제엽서 및 전자우편물의 경우에는 봉함하지 않고 발송할 수 있다.
④ 우편물 정기발송계약을 맺은 정기간행물은 우정사업본부장이 정하여 고시하는 바에 따라 띠종이 등으로 묶어서 발송할 수 있다.

봉투에 넣어 봉함하기가 적절하지 않은 우편물은 우정사업본부장이 정하여 고시한 기준에 적합하도록 포장하여 발송할 수 있다.

답 ②

05 등기소포와 일반소포의 차이점에 대한 설명으로 옳지 <u>않은</u> 것은?

① 등기소포는 접수에서 배달까지의 송달과정에 대해 기록하지만, 일반소포는 기록하지 않는다.

② 등기소포는 지연배달 시 손해배상청구가 불가능하지만, 일반소포는 가능하다.

③ 등기소포는 반송 시 반송수수료를 징수하지만, 일반소포는 반송수수료를 징수하지 않는다.

④ 등기소포는 부가취급서비스가 가능하고, 일반소포는 불가능하다.

해설 등기소포의 경우 망실·훼손, 지연배달 시 손해배상청구가 가능하나, 일반소포는 손해배상청구가 불가능하다.

등기소포와 일반소포와의 차이

구분	등기소포	일반소포
취급방법	접수에서 배달까지의 송달과정에 대해 기록	기록하지 않음
요금납부 방법	현금, 우표첩부, 우표납부, 신용카드 결제	현금, 우표첩부, 신용카드 결제
손해배상	망실·훼손, 지연배달 시 손해배상청구 가능	없음
반송료	반송 시 반송수수료 (등기통상취급 수수료 해당금액) 징수	없음
부가취급서비스	가능	불가능

※ 보통소포(×)-일반소포(○) // 일반등기통상(×)-등기통상(○)

답 ②

06 통상우편물의 권장 규격 요건으로 옳지 <u>않은</u> 것은?

① 창봉투 창문은 불투명도 20% 이하이어야 한다.

② 지질(재질)의 불투명도는 75% 이상이어야 한다.

③ 지질(재질)은 80g/m² 이상이어야 한다.

④ 색상은 70% 이상 반사율을 가진 흰색이나 밝은 색이어야 한다.

07 다음 중 선택적 우편서비스 대상에 해당하는 것을 모두 고른 것은?

> ㉠ 우편물 방문접수
> ㉡ 2kg 이하의 통상우편물
> ㉢ 전자우편
> ㉣ 모사전송(FAX)우편

① ㉠, ㉡, ㉢

② ㉡, ㉢, ㉣

③ ㉠, ㉢, ㉣

④ ㉠, ㉡, ㉣

08 다음 중 우편물 배달기한에 대한 내용으로 옳지 <u>않은</u> 것은?

① 교통 여건 등으로 인해 우편물 운송이 특별히 어려운 곳은 관할 지방우정청장이 별도로 배달기한을 정하여 공고한다.

② 접수 우편물 기준으로 일반적인 배달기한 적용이 어려운 지역은 접수한 그날에 관할 집중국으로 운송하기 어려운 지역을 말한다.

③ 접수·배달 우편물의 운송이 모두 어려운 곳의 배달기한은 접수와 배달 중 더 긴 필요 일수로 계산한다.

④ 익일특급의 배달기한은 접수한 다음 날이다.

09 다음 중 국내 소포우편물에 대한 내용으로 옳은 것은?

① KPS는 소포우편물 창구접수의 브랜드이다.
② 일반소포는 지연배달 시 손해배상청구를 할 수 없고, 반송 시 반송수수료를 징수한다.
③ 소포우편물에 대한 요금납부를 우표로 하는 것은 불가능하다.
④ 소포우편물에는 감사인사 메모를 동봉할 수 있다.

 ① 우체국소포(KPS; Korea Parcel Service)는 소포우편물 방문서비스의 브랜드이다.
② 일반소포는 기록취급을 하지 않으므로 지연배달 시 손해배상청구를 할 수 없고, 반송 시 반송수수료를 징수하지 않는다.
③ 요금은 우표로도 납부가 가능하며, 납부방법은 우표를 창구에 제출하거나 우편물 표면에 첩부한다.

답 ④

10 다음 〈보기〉에서 의사전달물에 해당하는 것은 모두 몇 개인가?

보기
- 신문
- 백지노트
- 화폐
- 우편환증서
- 즉결심판출석통지서
- 입영통지서
- 신용카드
- 정기간행물
- 보험 상품안내서(16쪽 이상)
- 우표
- 서적

① 2개
② 3개
③ 4개
④ 5개

 위의 〈보기〉 중에서 의사전달물에 해당하는 것은 신문, 신용카드, 정기간행물, 서적, 16쪽 이상의 상품안내서로 총 5개이다.

답 ④

11 다음 중 보편적 우편서비스 대상에 해당하지 <u>않는</u> 우편물은?

① 모사전송(FAX)우편
② 15kg 소포우편물의 특수취급우편물
③ 1kg의 통상우편물
④ 18kg의 소포우편물

해설 우편과 다른 기술 또는 서비스가 결합된 우편서비스는 선택적 우편서비스의 대상이다.
예 전자우편, 모사전송(FAX)우편, 우편물 방문접수 등

정답 ①

12 통상우편물의 종류와 예시를 연결한 것으로 가장 옳지 <u>않은</u> 것은?

① 서신 – 신문, 정기간행물, 서적, 상품안내서 등 대통령령으로 정하는 것
② 의사전달물 – 상품안내서, 화물 첨부서류 혹은 송장, 외국과 수발하는 국제서류, 본점과 지점 상호 간 또는 지점 상호 간 12시간 이내 수발하는 서류
③ 통화 – 유통 수단이나 지불 수단으로 가능한 화폐, 보조 화폐
④ 소형포장우편물 – 우편물의 용적, 무게와 포장방법 고시 규격에 맞는 작은 물건

해설 서신이란, 의사전달을 위하여 특정인이나 특정 주소로 송부하는 것으로서 문자 · 기호 · 부호 또는 그림 등으로 표시한 유형의 문서 또는 전단을 말한다. 다만 신문, 정기간행물, 서적, 상품안내서 등 대통령령으로 정하는 것은 제외된다.

정답 ①

13 다음 중 소포우편물의 접수에 대한 내용으로 옳지 <u>않은</u> 것은?

① 내용품에 대하여 발송인이 허위로 진술한다고 의심이 가는 경우에는 개피를 요구하고 내용품을 확인한다.
② 내용품의 성질 등에 따라 송달 중 파손되지 않고 튼튼하게 포장하였는지를 확인한다.
③ 소포우편물의 표면 왼쪽 중간에는 "소포" 표시를 한다.
④ 요금을 우표로 납부하고자 하는 때에는 우표를 창구에 제출하여야 하며 우편물 표면에는 붙일 수 없다.

요금은 우표로도 납부가 가능하며 우표로 납부하고자 하는 때에는 우표를 창구에 제출(우표 납부)하거나 우편물 표면에 첩부(우표 첩부)한다.

⊟ ④

14 통상우편물의 용적제한에 대한 설명으로 옳지 <u>않은</u> 것은?

① 소형포장우편물은 가로 · 세로 및 높이를 합하여 35cm 미만이어야 한다.

② 원통형의 소형포장우편물은 지름과 길이를 합하여 35cm를 초과할 수 없다.

③ 통상우편물의 최대 중량은 6kg이다.

④ 평면의 크기가 길이 14cm, 너비 9cm 이상이어야 한다.

 서신 등 의사전달물 및 통화의 경우 원통형은 지름의 2배와 길이를 합하여 1m, 소형포장우편물의 경우 원통형은 지름의 2배와 길이를 합하여 35cm 미만이어야 한다.

⊟ ②

15 다음 ㉠, ㉡에 들어갈 우편물 배달기한으로 적절한 것은?

• 일반소포는 접수한 다음 날부터 (㉠) 이내
• 당일특급은 접수한 당일 (㉡) 이내

	㉠	㉡
①	3일	15시
②	4일	15시
③	3일	20시
④	4일	20시

일반소포는 접수한 다음 날부터 3일 이내, 당일특급은 접수한 당일 20시 이내를 배달기한으로 한다.

우편물 배달기한

구분	배달기한	비고
통상우편물(등기포함)	접수한 다음 날부터 3일 이내	
일반소포		
익일특급	접수한 다음 날	※ 제주선편: D+2일 (D: 우편물 접수한 날)
등기소포		
당일특급	접수한 당일 20:00 이내	

답 ③

---

16 다음 중 우편엽서에 대한 설명으로 옳지 <u>않은</u> 것은?

① 우정사업본부장이 발행하는 우편엽서와 사제엽서 제조요건에 적합하게 제조한 사제엽서는 봉함하지 아니하고 발송할 수 있다.

② 우정사업본부에서 발행하는 우편엽서는 최소 2g, 최대 5g이어야 한다.

③ 50g까지 규격외 엽서는 450원 요금을 적용한다.

④ 문자 · 도안 표시에 발광 · 형광 · 인광물질을 사용할 수 있다.

 문자 · 도안 표시에 발광 · 형광 · 인광물질은 사용할 수 없으며, 기계판독률을 떨어뜨릴 수 있는 배경 인쇄 또한 불가하다.

답 ④

---

17 다음 중 봉함하거나 포장하여 발송하는 우편물의 규격과 외부표시(기재) 사항에 대한 내용으로 옳지 <u>않은</u> 것은?

① 봉함우편물의 형태는 직사각형이다.

② 우편물의 표면은 특정부분 튀어나옴 · 눌러찍기 · 돋아내기 · 구멍뚫기 등이 없이 균일해야 하나 점자 기록은 허용된다.

③ 창문봉투의 경우 다른 소재로 투명하게 창문을 제작한다.

④ 수취인 우편번호를 정확히 기재해야 하며, 일체 가려짐 및 겹침이 없어야 하는데, 해당 영역에는 관련된 다른 사항을 함께 표시할 수 있다.

해설 수취인 주소와 우편번호(국가기초구역 체계로 개편된 5자리 우편번호)를 정확히 기재해야 하며, 일체 가려짐 및 겹침이 없어야 하는데, 해당 영역에는 우편번호 외에 다른 사항 표시가 불가하다.

답 ④

더 알아보기➕

규격우편물의 우편번호 기재
수취인 우편번호(국가기초구역 체계로 개편된 5자리 우편번호)를 정확히 기재해야 하며, 일체 가려짐이 없어야 한다.
※ 해당 영역에는 우편번호 외에 다른 사항 표시는 불가하고, 우편번호 작성란을 인쇄하는 경우에는 5개의 칸으로 구성하여야 함

18 선택적 우편서비스 대상에 해당하지 <u>않는</u> 것은?

① 1.5kg의 특수취급 통상우편물
② 모사전송(FAX)우편
③ 25kg의 소포우편물
④ 5kg의 통상우편물

해설 선택적 우편서비스
1) 2kg을 초과하는 통상우편물
2) 20kg을 초과하는 소포우편물
3) 1) 또는 2)의 우편물의 기록취급 등 특수취급우편물
4) 우편과 다른 기술 또는 서비스가 결합된 우편서비스
   ⇒ 전자우편, 모사전송(FAX)우편, 우편물 방문접수 등
5) 우편시설, 우표, 우편엽서, 우편요금 표시 인영이 인쇄된 봉투 또는 우편차량장비 등을 이용하는 서비스
6) 우편 이용과 관련된 용품의 제조 및 판매
7) 그 밖에 우편서비스에 부가하거나 부수하여 제공하는 서비스

답 ①

19 다음 중 **통상우편물의 규격요건 및 외부표시(기재)사항으로 옳지 않은 것은?**

① 수취인의 우편번호 6자리를 정확히 기재하여야 하며, 일체 가려짐 및 겹침이 없어야 한다.

② 봉함하여 발송하는 우편물의 크기는 세로 최소 90mm, 최대 130mm(허용 오차 ±5mm)이고, 가로 최소 140mm, 최대 235mm(허용 오차 ±5mm)이다.

③ 문자 · 도안 표시에 발광 · 형광 · 인광물질은 사용이 불가능하다.

④ 표면은 특정부분 튀어나옴 · 눌러찍기 · 돋아내기 · 구멍뚫기 등이 없이 균일해야 한다.

 수취인 우편번호(국가기초구역 체계로 개편된 5자리 우편번호)를 정확히 기재하여야 하며, 일체 가려짐 및 겹침이 없어야 한다.

답 ①

20 **통상우편물의 발송요건으로 옳은 것은?**

① 우편엽서와 사제엽서는 봉함하여 발송해야 한다.

② 우편이용자는 우편물 접수 시 우편물의 내부에 발송인 및 수취인의 주소, 성명과 우편번호, 우편요금의 납부표시를 해야 한다.

③ 우편물 정기발송계약을 맺은 정기간행물은 고시에서 정하는 바에 따라 띠종이 등으로 묶어서 발송할 수 있다.

④ 봉투에 넣어 봉함하기가 적절하지 않은 우편물은 과학기술정보통신부장관이 정하여 고시한 기준에 적합하도록 포장하여 발송할 수 있다.

 ① 우정사업본부장이 발행하는 우편엽서와 사제엽서 제조요건에 적합하게 제조한 사제엽서 및 전자우편물은 그 특성상 봉함하지 아니하고 발송할 수 있다.
② 우편이용자는 우편물 접수 시 우편물의 외부에 다음의 사항을 표시하여 발송하여야 한다.
 • 발송인 및 수취인의 주소, 성명과 우편번호
 • 우편요금의 납부표시
④ 봉투에 넣어 봉함하기가 적절하지 않은 우편물은 우정사업본부장이 정하여 고시한 기준에 적합하도록 포장하여 발송할 수 있다.

답 ③

21 우편물의 중량에 대한 내용으로 옳지 <u>않은</u> 것은?

① 요금감액을 받는 우편물의 최대 무게는 800g이고, 요금감액을 받지 않는 서적과 달력, 다이어리는 1,200g이다.

② 통상우편물의 무게제한은 최소 2g, 최대 6,000g이다.

③ 국내특급은 30kg이 최대 무게이다.

④ 소포우편물의 무게는 30kg 이내이어야 한다.

 정기간행물과 서적·달력·다이어리로서 요금감액을 받는 우편물은 1,200g이고, 요금감액을 받지 않는 서적·달력· 다이어리는 800g이다.

답 ①

더 알아보기 ➕

통상우편물의 최대 중량

• 최소 2g~최대 6,000g

• 단, 다음과 같은 경우는 예외적 무게에 따름
  - 정기간행물, 서적, 달력, 다이어리로서 요금감액을 받는 우편물은 1,200g
  - 요금감액을 받지 않는 서적, 달력, 다이어리는 800g
  - 국내특급은 30kg이 최대 중량

01 다음 중 우편물의 물품에 따른 포장방법으로 옳지 <u>않은</u> 것은?

① 독약 · 극약 · 독물 및 극물은 성질이 같은 것에 한하여 2가지 이상 함께 포장 가능하다.

② 혐오성이 없는 살아 있는 동물은 튼튼한 병, 상자 기타 적당한 용기에 넣어 완전히 그 탈출 및 배설물의 누출을 방지할 장치를 해야 한다.

③ 액체 · 액화하기 쉬운 물건은 안전누출방지용기에 넣어 내용물이 새어나지 않도록 봉하고 외부의 압력에 견딜 수 있는 튼튼한 상자에 넣는다.

④ 칼은 적당한 칼집에 넣거나 싸서 상자에 넣는 등의 방법으로 포장한다.

> 해설 독극물은 2가지 종류를 함께 포장할 수 없다.
>
> 답 ①

더 알아보기 ➕

물품에 따른 포장방법

구분	포장방법
1. 칼 · 기타 이에 유사한 것	적당한 칼집에 넣거나 싸서 상자에 넣는 등의 방법으로 포장할 것
2. 액체 · 액화하기 쉬운 물건	안전누출방지용기에 넣어 내용물이 새어나지 않도록 봉하고 외부의 압력에 견딜 수 있는 튼튼한 상자에 넣고, 만일 용기가 부서지더라도 완전히 누출물을 흡수할 수 있도록 솜, 톱밥 기타 부드러운 것으로 충분히 싸고 고루 다져 넣을 것
3. 독약 · 극약 · 독물 및 극물과 생병원체 및 생명원체를 포유하거나 생명원체가 부착한 것으로 인정되는 것	• 전호의 규정에 의한 포장을 하고 우편물 표면 보기 쉬운 곳에 품명 및 "위험물"이라고 표시할 것 • 우편물 외부에 발송인의 자격 및 성명을 기재할 것 • 독약 · 극약 · 독물 및 극물은 이를 2가지 종류로 함께 포장하지 말 것
4. 산꿀벌 등 일반적으로 혐오성이 없는 살아 있는 동물	튼튼한 병, 상자 기타 적당한 용기에 넣어 완전히 그 탈출 및 배설물의 누출을 방지할 장치를 할 것

02 국내우편물의 최대 중량으로 옳지 <u>않은</u> 것은?

① 봉함우편물 – 50g
② 요금감액을 받지 않는 서적과 달력 – 1,200g
③ 국내특급 통상우편물 – 30kg
④ 소포우편물 – 30kg

> 해설
>
> 요금감액을 받는 정기간행물 · 서적 · 달력 · 다이어리의 최대중량은 1,200g이고, 요금감액을 받지 않는 서적 · 달력 · 다이어리의 최대 중량은 800g이다.
>
> 답 ②

03 우편물의 포장 검사사항으로 옳지 <u>않은</u> 것은?

① 2가지 종류의 독극물을 함께 포장한 것이 아닌지 검사한다.
② 살아 있는 동물을 보낼 경우 탈출과 배설물 누출을 방지하는 장치가 있는지 검사한다.
③ 독극물이나 생병원체는 새지 않도록 튼튼하게 포장하고, 우편물 표면에 "위험물"이라고 표시하고 발송인의 자격과 핸드폰번호를 적었는지 검사한다.
④ 묶어서 발송하는 정기간행물의 띠종이는 발송 요건에 맞는지 검사한다.

> 해설
>
> 독극물이나 생병원체는 새지 않도록 튼튼하게 포장하고, 우편물 표면에 "위험물"이라고 표시하고 발송인의 자격과 성명을 적었는지 검사한다.
>
> 답 ③

04 다음 중 소포우편물의 제한용적에 해당하지 <u>않는</u> 것은?

① 무게 30kg 이내
② 최소 가로 · 세로 · 높이 세 변을 합하여 35cm, 가로는 17cm 이상, 세로는 12cm 이상
③ 최대 가로 · 세로 · 높이 세 변을 합하여 160cm이고, 어느 변이나 1m를 초과할 수 없음
④ 원통형은 최소 지름의 2배와 길이를 합하여 50cm

> **해설** 원통형은 최소 지름의 2배와 길이를 합하여 35cm(단, 지름은 3.5cm 이상, 길이는 17cm 이상)
>
> 답 ④

05 우편물 접수에 대한 설명으로 옳지 <u>않은</u> 것은?

① 우편물 접수 시 검사 결과 규정에 위반된 것을 발견하였을 때에는 발송인이 보완하여 제출해야 하며, 불응할 때에는 접수를 거부할 수 있다.
② 통상우편물은 봉투에 넣어 봉함을 원칙으로 한다.
③ 우편엽서와 전자우편물은 봉함하지 않고 발송할 수 있다.
④ 병균류의 경우 관공서 방역연구소, 세균검사소, 의사 등의 허가를 받으면 접수하여 등기우편으로 발송 가능하다.

> **해설** 살아 있는 병균 또는 이를 함유하거나 부착되어 있다고 인정되는 물건으로 관공서 방역연구소, 세균검사소, 의사(군의관 포함), 치과의사, 수의사 또는 약사의 면허를 받은 자가 등기우편으로 발송하는 것은 접수할 수 있다.
>
> 답 ④

06 다음 중 국내우편물의 제한 중량 및 용적에 대한 내용으로 옳지 <u>않은</u> 것은?

① 소포우편물의 최대부피는 가로 · 세로 · 높이 세 변을 합하여 160cm이며, 어느 변이나 1.5m를 초과할 수 없다.

② 국내특급의 무게는 30kg 이내이어야 한다.

③ 통상우편물의 평면의 최소부피는 길이 14cm, 너비 9cm이다.

④ 서신 등 의사전달물 및 통화의 최대부피는 가로 · 세로 및 두께를 합하여 90cm이며, 어느 쪽이나 60cm를 초과할 수 없다.

 소포우편물의 최대부피
- 가로 · 세로 · 높이 세 변을 합하여 160cm이다.
- 다만, 어느 변이나 1m를 초과할 수 없다.

답 ①

더 알아보기➕

소포우편물의 제한 부피 및 무게

최대부피	• 가로 · 세로 · 높이 세 변을 합하여 160cm • 다만, 어느 변이나 1m를 초과할 수 없음
최소부피	• 가로 · 세로 · 높이 세 변을 합하여 35cm(단, 가로는 17cm 이상, 세로는 12cm 이상) • 원통형은 "지름의 2배"와 길이를 합하여 35cm(단, 지름은 3.5cm 이상, 길이는 17cm 이상)
무게	30kg 이내이어야 함
기타사항	우편관서의 장과 발송인과의 사전계약에 따라 발송인을 방문하여 접수하는 경우에는 그 계약으로 달리 정할 수 있음

| STEP4 | 국내우편물의 부가서비스

01 다음 중 등기취급에 대한 설명으로 옳지 <u>않은</u> 것은?

① 우편물 부가취급의 기본이 되는 서비스이다.

② 망실, 훼손 등의 사고가 일어날 경우 등기취급우편물과 보험등기우편물의 손해배상액은 서로 같다.

③ 우편물의 모든 취급과정을 기록한다.

④ 유가물이나 신용카드, 중요서류 등은 접수 검사할 때 내용품에 적합한 보험취급으로 발송하게 하고 이에 응하지 않을 때는 접수를 거절할 수 있다.

 우편물 취급과정에서 망실, 훼손 등의 사고가 일어날 경우에는 등기취급우편물과 보험등기우편물의 손해배상액이 서로 다르므로 이용자에게 사전에 반드시 고지하여 발송인이 선택하도록 조치한다.

답 ②

02 다음 중 계약등기 우편제도에 대한 내용으로 옳지 <u>않은</u> 것은?

① 맞춤형은 1회 및 월 발송물량에 제한이 없다.

② 일반형 계약등기의 요금은 통상요금, 중량 구간별 요금, 부가취급수수료로 구성되어 있다.

③ 등기취급을 전제로 우체국장과 발송인과 별도의 계약에 따라 접수한 통상우편물을 배달하고, 그 배달결과를 발송인에게 전자적 방법 등으로 알려준다.

④ 일반형은 한 발송인이 1회 500통 이상, 월 10,000통 이상 발송하는 등기통상 우편물을 대상으로 한다.

 • 일반형 계약등기 : 통상요금 + 등기취급수수료 + 부가취급수수료
• 맞춤형 계약등기 : 표준요금 + 중량 구간별 요금 + 부가취급수수료

답 ②

03 다음에서 설명하는 국내우편물의 부가서비스는?

> 다른 법령에 따라 「민사소송법」이 정하는 방법으로 송달하고 송달 사실을 우편송달통지서를 통해 발송인에게 알려주는 부가취급서비스로, 법 제187조의 규정에 의해 지정된 서류에 한하여 취급한다.

① 등기취급   ② 국내특급

③ 민원우편   ④ 특별송달

 특별송달은 등기취급하는 통상우편물에 한하여 취급한다.

답 ④

04 다음 글에서 설명하는 서비스는 무엇인가?

> 보험등기 봉투를 이용하여 귀금속, 보석, 옥석, 기타 귀중품을 배달하는 보험취급제도의 하나로 통상우편물에 한정한다.

① 유가증권등기   ② 물품등기

③ 통화등기   ④ 안심소포

 ① 유가증권등기: 현금과 교환할 수 있는 우편환증서나 수표 따위의 유가증권을 보험등기 봉투에 넣어 직접 수취인에게 송달하는 서비스
③ 통화등기: 우편을 이용해서 현금을 직접 수취인에게 배달하는 제도
④ 안심소포: 고가의 상품 등 등기소포우편물을 대상으로 하는 제도

답 ②

더 알아보기 ➕

물품등기의 취급대상
- 귀금속: 금, 은, 백금 및 이들을 재료로 한 제품
- 보석류: 다이아몬드, 진주, 자수정, 루비, 비취, 사파이어, 에메랄드, 오팔, 가닛 등 희소가치를 가진 것
- 주관적 가치가 있다고 신고 되는 것: 응시원서, 여권, 신용카드류 등

05 다음 중 통화등기에 대한 설명으로 옳은 것은?

① 한도는 100만 원 이하의 국내통화로서 100원 미만의 단수는 붙일 수 없다.

② 강제 통용력이 있는 외국화폐도 취급 가능하다.

③ 통화등기우편물은 등기취급우편물로 발송하여야 한다.

④ 취급하는 중에 잃어버린 경우에는 통화등기 금액의 반액을 변상하여 주는 보험취급의 일종이다.

해설
① 100만 원 이하의 국내통화로서 10원 미만의 단수는 붙일 수 없다.

② 다음의 것은 통화등기로 취급할 수 없다.
- 현재 사용할 수 없는 옛날 통화
- 마모 · 오염 · 손상의 정도가 심하여 통용하기가 곤란한 화폐
- 외국화폐

④ 만일 취급하는 중에 잃어버린 경우에는 통화등기 금액 전액을 변상하여 주는 보험취급의 일종이다.

답 ③

06 다음 중 국내우편의 특수취급제도에 대한 설명으로 옳지 <u>않은</u> 것은?

① 특별송달은 등기취급을 전제로 「민사소송법」의 규정에 의한 방법으로 송달하는 우편물로서 배달우체국에서 배달결과를 발송인에게 통지하는 특수취급제도이다.

② 보험통상에는 통화등기, 물품등기, 유가증권등기, 외화등기가 속한다.

③ 통화등기는 국내 통화를 수취인에게 직접 배달하는 제도이다.

④ 내용증명의 내용문서는 한글 사용을 원칙으로 하며 원본과 등본 모두 양면으로 작성할 수 있다.

해설
내용문서는 한글, 한자 또는 그 밖의 외국어로 자획을 명확하게 기록한 문서에 한정하여 취급하며 숫자, 괄호, 구두점이나 그 밖에 일반적으로 사용하는 기호는 함께 쓸 수 있다. 그리고 공공의 질서, 선량한 풍속에 반하는 내용이 아니어야 하며 내용문서의 원본과 등본이 같은 내용임을 쉽게 알아볼 수 있어야 한다. 내용문서의 원본과 등본의 작성은 양면을 사용하여 작성할 수 있고, 양면으로 작성한 경우 2매로 계산한다.

답 ④

07 계약등기 우편의 부가취급서비스에 대한 내용으로 옳지 <u>않은</u> 것은?

① 착불배달은 우편물의 요금을 배달할 때 수취인에게서 받는 제도이다.

② 우편주소 정보제공을 이용하려면 수취인의 동의를 받아야 한다.

③ 반환취급 사전납부는 일반형 계약등기 우편물을 대상으로 하며, 최초 1년간은 등기우편물 반환율에 1%를 가산하여 적용한다.

④ 회신우편은 발송인이 사전에 배달과 회신에 대한 상세한 사항을 계약관서와 협의하여 정한 계약등기 우편물이다.

> **해설** 반환취급 사전납부는 일반형 계약등기 우편물을 대상으로 하며, 최초 1년간은 등기우편물 반환율에 0.5%를 가산하여 적용한다.
>
> 답 ③

08 선납 등기 라벨 서비스에 대한 설명으로 옳지 <u>않은</u> 것은?

① 등기번호 및 발행번호가 부여된 선납 라벨을 우체국 창구 등에서 구매하여 첩부하면 창구 외(우체통, 무인접수기)에서도 등기우편물을 접수할 수 있도록 하는 서비스이다.

② 등기통상우편물을 대상으로 한다.

③ 판매가격은 200g까지 1,800원[정액(단일)요금]으로 처리한다.

④ 접수채널은 전 관서 우편창구 및 우체통 투함, 무인우체국이다.

> **해설** 선납 준등기 라벨의 판매가격은 200g까지 1,800원[정액(단일)요금]으로 처리한다..
> 선납 등기 라벨 서비스의 판매가격은 중량별 차등 적용되는 등기통상우편물의 요금에 따라 달라지며, 다음과 같다.
> - 기본 : 중량별 통상우편요금 + 등기취급 수수료
> - 선택 : 익일특급 수수료, 배달증명 수수료
>
> 답 ③

09 다음 국내우편물 보험취급 중 안심소포에 대한 내용으로 가장 옳은 것은?

① 귀금속, 보석, 옥석 및 그 밖의 귀중품이나 주관적 가치가 있다고 신고하는 것을 보험등기봉투에 넣어 수취인에게 직접 송달한다.

② 사회통념상 크기에 비하여 가격이 높다고 발송인이 신고한 것으로서 그 취급에 특히 유의할 필요가 있는 물품은 안심소포로 접수하도록 하고, 보석류나 귀금속은 물품등기로 접수하도록 안내한다.

③ 현금과 교환할 수 있는 우편환증서나 수표 따위의 유가증권을 보험등기봉투에 넣어 직접 수취인에게 송달하는 서비스이다.

④ 우편을 이용해서 현금을 직접 수취인에게 배달하는 제도로서 해당 관서를 방문해야 하는 번거로움이 없어 시간이 절약되고 번잡한 수속절차를 생략할 수 있다.

 해설

① 물품등기
③ 유가증권등기
④ 통화등기

답 ②

더 알아보기 ➕

안심소포의 취급대상

• 등기소포를 전제로 보험가액 300만 원 이하의 귀중품·고가품 등 사회통념상 크기에 비하여 가격이 높다고 발송인이 신고한 것으로서 그 취급에 특히 유의할 필요가 있는 물품과 파손, 변질 등의 우려가 있는 물품

• 귀금속, 보석류 등의 소형포장우편물은 물품등기로 접수하도록 안내

• 부패하기 쉬운 냉동·냉장 물품은 이틀날까지 도착이 가능한 지역이어야 함

　※ 우편물 배달기한 내에 배달하기 곤란한 지역으로 가는 물품은 접수 제외

• 등기소포 안의 내용물은 발송인이 참관하여 반드시 확인

10 다음 부가서비스에 대한 내용을 바르게 연결한 것은?

> ⊙ 「민사소송법」이 정하는 방법에 따라 등기통상으로 송달하고 송달 사실을 우편송달통지서를 통해 발송인에게 알려주는 부가취급서비스이다.
> ⓒ 현금과 교환할 수 있는 우편환증서나 수표 따위의 유가증권을 보험등기 봉투에 넣어 직접 수취인에게 송달하는 서비스이다.
> ⓒ 우체국과 금융기관과의 계약을 통해 외국통화(현물)를 고객에게 직접 배달하는 맞춤형 우편서비스이다.

	⊙	ⓒ	ⓒ
①	통화등기	외화등기	안심소포
②	특별송달	유가증권등기	외화등기
③	물품등기	특별송달	통화등기
④	보험통상	유가증권등기	외화등기

 해설

특별송달
- 특별송달이란 「민사소송법」이 정하는 방법에 따라 등기통상으로 송달하고 송달 사실을 우편송달통지서를 통해 발송인에게 알려주는 부가취급서비스이다.
- 「민사소송법」 제187조의 규정에 의해 지정된 서류에 한하여 취급하게 된다.
- 등기취급하는 통상우편물에 한하여 취급한다.

유가증권등기
- 현금과 교환할 수 있는 우편환증서나 수표 따위의 유가증권을 보험등기 봉투에 넣어 직접 수취인에게 송달하는 서비스이다.
- 망실하거나 훼손한 경우에는 봉투 표면에 기록된 금액을 배상하여 주는 보험취급제도의 일종이다.
- 유가증권등기우편물은 등기취급우편물로 발송하여야 한다.

외화등기
- 우체국과 금융기관과의 계약을 통해 외국통화(현물)를 고객에게 직접 배달하는 맞춤형 우편서비스이다.
- 맞춤형 계약등기(보험취급 + 본인지정 + 익일특급)의 방식이다.
- 금융기관과의 계약을 통하여 외화현금을 접수 · 배달한다.

정답 ②

11 계약등기 우편제도에 대한 내용으로 옳지 <u>않은</u> 것은?

① 일반형의 취급대상(물량기준)은 한 발송인이 1회 100통 이상, 월 5,000통 이상(두 요건 모두 충족) 발송하는 등기통상 우편물이다.

② 착불배달, 회신우편, 본인지정배달, 우편주소정보 제공, 반환취급 사전납부 등의 부가취급서비스가 가능하다.

③ 맞춤형 계약등기 취급상품과 요금에 대해 과학기술정보통신부장관이 고시한다.

④ 맞춤형은 1회 및 월 발송물량에 제한이 없다.

> **해설**
>
> **일반형 계약등기**
> • 등기취급을 전제로 부가취급서비스를 선택적으로 포함하여 계약함으로써, 고객이 원하는 우편서비스를 제공하는 상품
> • 한 발송인이 1회에 500통 이상, 월 10,000통 이상(두 요건 모두 충족) 발송하는 등기통상 우편물
>
> **맞춤형 계약등기**
> • 등기취급을 전제로 신분증류 등 배달 시 특별한 관리나 서비스가 필요한 우편물로 표준요금을 적용하는 상품
> • 1회, 월 발송물량 제한 없음
> • 취급상품과 요금에 대해 과학기술정보통신부장관이 고시
>
> 답 ①

12 다음 중 국내특급우편에 부가할 수 있는 우편역무는 무엇인가?

① 착불배달 ② 등기
③ 본인지정배달 ④ 회신우편

> **해설**
>
> 국내특급우편에 부가할 수 있는 우편역무는 등기취급과 배달증명이다(「우편법 시행규칙」 별표 2).
>
> 답 ②

13 다음 중 선택등기 서비스에 대한 설명으로 옳지 <u>않은</u> 것은?

① 선택등기 서비스는 등기 취급 및 발송인의 우편물 반환 거절을 전제로 우편물을 배달하되, 수취인에게 배달할 수 없는 경우 준등기 취급에 따라 우편물을 배달하는 특수취급제도이다.

② 6kg까지의 통상우편물을 취급하되, 특급 취급 시 20kg까지 가능하다.

③ 요금은 중량별 통상우편요금과 선택등기 취급수수료인 2,100원의 합으로 산정한다.

④ 선택등기는 접수한 다음 날부터 3일 이내에 배달해야 한다.

 선택등기 서비스는 6kg까지의 통상우편물을 취급하되, 특급 취급 시 30kg까지 가능하다.

답 ②

14 다음 중 내용증명의 취급요령에 대한 설명으로 옳지 <u>않은</u> 것은?

① 수취인에게 발송할 내용문서의 원본, 우체국에서 보관할 등본, 발송인에게 교부할 등본에는 우편날짜도장으로 계인한다.

② 동문내용증명인 경우 우체국에서 보관하는 등본에 기록된 수취인의 주소, 성명 아래쪽에 걸치도록 우편날짜도장으로 계인한다.

③ 내용문서의 원본이나 등본의 수량이 2장 이상일 때에는 내용문서의 원본 및 등본의 글자를 훼손하지 않도록 빈 여백에 우편날짜도장으로 간인해야 하며, 천공기로 간인해서는 안 된다.

④ 내용증명 취급수수료에 해당하는 우표는 우체국에 보관하는 등본의 빈 곳에 붙이고 우편날짜도장으로 소인한다.

 내용증명 취급요령

• 수취인에게 발송할 내용문서의 원본, 우체국에서 보관할 등본, 발송인에게 교부할 등본에는 우편날짜도장으로 계인한다. 다만, 동문내용증명인 때에는 우체국에서 보관하는 등본에 기록된 수취인의 주소 · 성명 아래쪽에 걸치도록 우편날짜도장으로 계인한다.

• 내용문서의 원본이나 등본의 수량이 2장 이상일 때에는 내용문서의 원본 및 등본의 글자를 훼손하지 않도록 빈 여백에 우편날짜도장으로 간인하거나, 천공기로 간인하여야 한다.

  ※ 발송인의 인장이나 지장으로 간인하지 않음에 주의해야 한다.

• 내용증명 취급수수료에 해당하는 우표는 우체국에 보관하는 등본의 빈 곳에 붙이고 우편날짜도장으로 소인한다. 다만, 즉납으로 출력된 요금증지를 첨부하거나 날짜가 표시되어 있는 후납 인을 날인하는 경우에는 소인을 생략하며, 후납인 아래에 취급수수료 금액을 표시하여야 한다.

답 ③

| STEP5 | 그 밖의 우편서비스

01 다음 중 준등기 우편서비스에 대한 설명으로 옳지 <u>않은</u> 것은?

① 우편물의 접수에서 배달 전(前) 단계까지는 등기우편으로 취급하고 수취함에 투함하여 배달을 완료하는 제도이다.

② 등기우편으로 취급되는 단계까지만 손해배상을 하는 우편서비스이다.

③ 200g 이하의 국내통상우편물이 대상이다.

④ 요금은 전자우편 제작수수료를 포함하여 1,500원이다.

 준등기 우편서비스의 요금은 1,800원(정액 요금)이며, 전자우편 제작수수료는 별도이다.

답 ④

02 우편부가서비스에 대한 내용으로 옳지 <u>않은</u> 것은?

① 우체국축하카드는 일반통상우편과 등기통상우편 모두 가능하며 당일특급, 익일특급, 배달증명, 상품권 동봉서비스, 예약배달서비스가 가능하다.

② 고객맞춤형 엽서의 부가형은 희망하는 고객에게만 발송인·수취인의 주소·성명, 통신문까지 함께 인쇄하여 신청고객이 지정한 수취인에게 발송까지 대행한다.

③ 광고우편엽서의 전국판은 4개 이상의 광역지방자치단체 지역에서 동시에 판매하며, 최저 5만 장 이상 20만 장까지 발행한다.

④ 나만의 우표에 사용할 자료가 타인의 초상권, 지적재산권 등을 침해한 경우에는 정당한 권리자로부터 받은 사용허가서나 사용권한 증명 서류를 제출해야 한다.

 광고우편엽서 전국판은 최저 20만 장 이상 300만 장까지, 지방판은 최저 5만 장 이상 20만 장 미만으로 발행한다.

답 ③

더 알아보기⊕

광고우편엽서의 발행량과 판매지역
- 전국판: 최저 20만 장 이상 300만 장까지 발행하며 특별시, 광역시 · 도 중 4개 이상의 광역지방자치단체 지역에서 동시에 판매
- 지방판: 최저 5만 장 이상 20만 장 미만으로 발행하며 특별시, 광역시 · 도 중 3개 이하의 광역지방자치단체 지역에서 판매

03 다음 중 광고우편엽서에 대한 설명으로 옳지 <u>않은</u> 것은?

① 4급 또는 5급 우체국이 설치되어 있는 시 · 군에서 접수 가능하다.
② 광고주가 구입 요청을 한 경우에만 판매구역에 관계없이 광고주가 지정하는 우체국에서 판매한다.
③ 발행일 50일 전에 광고디자인 설명서, 광고디자인 자료를 함께 접수한다.
④ 광고디자인의 조건은 5색 이내이다.

해설

광고우편엽서는 전국 우체국에서 접수 가능하다.

답 ①

04 우체국쇼핑에서 다음 내용과 가장 관계가 깊은 서비스는?

> 검증된 우수한 품질의 농 · 수 · 축산물을 전국 우편망을 이용해 생산자와 소비자를 연결해주는 서비스

① 전통시장　　　　　　　　　② 제철식품
③ 특산물　　　　　　　　　　④ 생활마트

해설

① 전통시장: 대형 유통업체의 상권 확대로 어려워진 전통시장 소상인들의 판로 확보를 위해 전국의 전통시장 상품을 인터넷몰에서 판매하는 서비스
② 제철식품: 출하시기의 농수산 신선식품, 소포장 가공식품, 친환경 식품 등을 적기에 판매하는 서비스
④ 생활마트: 중소기업의 공산품을 개인에게 판매하는 오픈마켓 형태 서비스

답 ③

05 다음 우편물 부가서비스에 해당하는 내용으로 바르게 연결되지 <u>않은</u> 것은?

① 모사전송(팩스) 우편 서비스 – 시내와 시외는 다른 요금을 적용한다.

② 월요일 배달 일간신문 – 토요일자 발행 조간신문과 금요일자 발행 석간신문을 토요일이 아닌 다음 주 월요일에 배달한다.

③ 인터넷 우표 – 고객편의 제고와 위조·변조를 방지하기 위하여 단독으로 사용할 수 없으며 수취인 주소가 함께 있어야 한다.

④ 고객맞춤형 엽서(기본형) – 우편엽서의 앞면 왼쪽이나 뒷면 한 곳에 고객이 원하는 내용을 인쇄하여 신청고객에게 판매하는 서비스이다.

> **해설** 모사전송(팩스) 우편서비스는 시내와 시외 모두 동일한 요금을 적용하고, 취급대상은 서신, 서류, 도화 등을 내용으로 한 통상우편물이어야 한다.
>
> 답 ①

06 다음 중 우편물 부가서비스에 대한 설명으로 옳지 <u>않은</u> 것은?

① 모사전송(팩스) 우편 서비스의 취급대상은 서신, 서류, 도화 등을 내용으로 한 통상우편물이어야 한다.

② 나만의 우표 신청자는 나만의 우표에 사용할 사진이나 이미지에 대한 사용권한이 있어야 한다.

③ 월요일 배달 일간신문은 신문사가 토요일자 신문을 월요일자 신문과 함께 봉함하여 발송하려 할 때에 봉함을 허용한다.

④ 인터넷 우표 서비스는 익일특급을 제외한 등기통상 및 국제우편물과 소포를 취급한다.

> **해설** 인터넷 우표 서비스는 일반통상과 등기통상 두 종류가 있으며, 등기통상은 익일특급도 가능하다. 국제우편물과 소포는 이용대상이 아니다.
>
> 답 ④

07 다음 중 전자우편 서비스의 접수방법에 대한 설명으로 옳지 <u>않은</u> 것은?

① 전자우편 서비스는 우편취급국을 포함한 우체국 창구에서 접수가 가능하다.
② 우체국 창구에서 접수한 발송인이 접수 당일 우편물 접수를 철회하는 경우 접수 화면에서 해당 우편물의 접수번호를 검색한 후 접수 취소 처리한다.
③ 인터넷우체국에서 접수하는 경우 우편요금 및 수수료 결제가 완료됐을 때 접수가 성립한 것으로 본다.
④ 우체국과 계약을 통해 정기적으로 등기우편물을 발송하는 경우 창구 직원이 계약고객시스템에서 주소록 및 내용문 파일을 가접수하고, 계약우체국에서 가접수 내용을 검색하여 연계 접수한 후 결제가 완료되면 접수가 성립된 것으로 본다.

> 해설
> 계약고객 전용 시스템 접수의 경우 우체국과 계약을 통해 정기적으로 등기우편물을 발송하는 고객이 계약고객시스템에서 주소록 및 내용문 파일을 가접수하고, 계약우체국에서 가접수 내용을 검색하여 연계 접수하고 결제가 완료되면 접수가 성립된 것으로 본다.
>
> 달 ④

08 다음 중 나만의 우표 서비스의 접수방법에 대한 설명으로 옳은 것은?

① 나만의 우표는 별정우체국과 우편취급국을 제외한 전국 우체국에서 접수가 가능하다.
② 기본이미지 외 이미지를 추가로 요청할 경우 1종 추가마다 500원씩 요금을 징수하며, 전지 신청량에 따라 이미지 서비스는 최대 20종까지 무료로 제공할 수 있다.
③ 접수자는 신청서에 우편날짜도장으로 날인하여 원본은 우체국에 1년 동안 보관한다.
④ 전지 신청량이 13장일 경우 이미지 서비스는 2종까지 무료로 제공할 수 있다.

> 해설
> ③ 접수자는 신청서에 우편날짜도장으로 날인하여 원본은 우체국에 1년 동안 보관하고, 신청자에게 사본 1부를 접수증으로 교부하며, 1부는 제작기관에 사진이나 데이터와 함께 송부한다.
> ① 나만의 우표는 전국 우체국(별정우체국, 우편취급국 포함), 인터넷우체국, 모바일 앱, (재)한국우편사업진흥원 및 접수위탁기관에서 접수할 수 있다.
> ② 기본이미지 외 이미지를 추가적으로 요청할 경우 1종 추가마다 600원씩 요금을 징수하며, 전지 신청량에 따라 고객 이미지 최대 20종까지 무료로 제공할 수 있다.
> ④ 전지 신청량이 13장일 경우 이미지 서비스는 5종까지 무료로 제공할 수 있다. 전지 신청량이 1장일 경우 1종, 2~10장일 경우 2종, 11~50장일 경우 5종, 51~100장일 경우 10종, 101장 이상일 경우 20종까지 이미지 서비스를 무료로 제공할 수 있다.
>
> 달 ③

09 다음 중 고객맞춤형 엽서의 접수방법에 대한 설명으로 옳지 <u>않은</u> 것은?

① 고객맞춤형 엽서는 전국 우체국(별정우체국, 우편취급국 포함), 인터넷우체국 및 모바일앱에서 접수가 가능하다.

② 접수할 때 신청 자료의 내용이 다른 사람의 초상권, 저작권 등을 침해한 것으로 확인한 경우에는 신청고객이 해당 권리자에게서 받은 사용허가서나 그 밖의 사용권한을 증명할 수 있는 서류를 제출하도록 안내해야 하며, 서류는 접수한 날부터 1년(이미지: 3개월) 동안 보관해야 한다.

③ 접수 시 고객맞춤형 엽서를 우편물로 발송하기 전에는 엽서에 표기되어 있는 액면 금액만을 우편요금으로 인정한다는 것을 안내해야 한다.

④ 고객이 고객맞춤형 엽서의 교환을 요청한 때에는 훼손엽서로 규정하여 교환금액(현행 10원)을 수납한 후 액면 금액에 해당하는 우표, 엽서, 항공서간으로 교환해 준다.

> **해설** 접수할 때 신청 자료의 내용이 다른 사람의 초상권, 저작권 등을 침해한 것으로 확인한 경우에는 신청고객이 해당 권리자에게서 받은 사용허가서나 그 밖의 사용권한을 증명할 수 있는 서류를 제출하도록 안내하며, 서류 보관 기간은 접수한 날부터 5년(이미지: 3개월)이다.
>
> 답②

| STEP 6 | 우편에 관한 요금

01 다음 중 우편요금 등의 반환사유와 반환청구기간 연결이 옳지 <u>않은</u> 것은?

① 우편관서의 잘못으로 너무 많이 징수한 우편요금 등 – 해당 우편요금 등을 납부한 날부터 60일

② 부가취급을 하지 않은 경우의 그 부가취급수수료 – 해당 우편요금 등을 납부한 날부터 60일

③ 납부인이 우편물을 접수한 후 우편관서에서 발송이 완료되지 아니한 우편물의 접수를 취소한 경우 – 우편물 접수 당일

④ 우편관서에서 우편물의 부가취급의 수수료를 받은 후 우편관서의 잘못으로 부가취급하지 아니한 경우의 그 부가취급수수료 – 해당우편요금 등을 납부한 날부터 30일

> **해설** 우편관서에서 우편물의 부가취급의 수수료를 받은 후 우편관서의 잘못으로 하지 아니한 경우의 그 부가취급수수료 – 해당 우편요금 등을 납부한 날부터 60일
>
> 답④

02 다음 중 요금후납 우편물에 대한 내용으로 옳지 <u>않은</u> 것은?

① 회계절차상의 번잡함을 줄이고 우체국은 우표의 소인절차를 생략할 수 있는 제도이다.

② 요금후납 계약의 담보금은 부가취급수수료를 제외한 1개월분의 우편요금 추산액의 2배 이상으로 한다.

③ 계약우체국장은 우편요금 체납을 이유로 담보금 면제 취소를 받은 사람에 대해서 담보금 면제 혜택을 2년간 금지할 수 있다.

④ 우편취급국은 총괄우체국장의 사전 승인을 받은 후 이용 가능하다.

> **해설** **우편요금후납 우편물**
> 우편물의 요금(부가취급수수료 포함)을 우편물을 발송할 때에 납부하지 않고 1개월간 발송예정 우편물의 요금액의 2배에 해당하는 금액을 담보금으로 제공하고 1개월간의 요금을 다음달 20일까지 납부하는 제도
>
> 정답 ②

03 요금별납 우편물에 대한 설명으로 옳지 <u>않은</u> 것은?

① 우편물 표면에 "요금별납"의 표시만을 하고, 요금은 일괄하여 현금(신용카드 결제 등 포함)으로 별도 납부하는 제도이다.

② 관할 지방우정청장이 지정하는 우체국(우편취급국 포함)에서만 취급이 가능하다.

③ 발송인이 개개의 우편물에 우표를 붙이는 일과 우체국의 우표 소인을 생략할 수 있어 발송인 및 우체국 모두에게 편리한 제도이다.

④ 동일한 10통 이상의 우편물에 중량이 다른 1통의 우편물이 추가되는 경우에는 별납으로 접수가 불가능하다.

> **해설** **우편요금별납 우편물의 취급기준 통수**
> • 10통 이상의 통상우편물 또는 소포우편물
> • 동일한 10통 이상의 우편물에 중량이 다른 1통의 우편물이 추가되는 경우에도 별납으로 접수 가능
>
> 정답 ④

다음 중 요금후납 우편물의 취급대상 우편물에 속하지 <u>않는</u> 것은?

① 우편요금 수취인부담 우편물
② 한 사람이 매월 100통 이상 보내는 통상우편물
③ 예약배달서비스를 부가한 우체국축하카드
④ 발송우체국장이 정한 조건에 맞게 지방자치단체가 발송한 우편물

해설 예약배달서비스를 부가한 우체국축하카드는 요금후납 대상우편물에 속하지 않는다.

답 ③

더 알아보기➕

우편요금후납 우편물의 취급대상우편물
• 한 사람이 매월 100통 이상 보내는 통상·소포우편물
• 반환우편물 중에서 요금후납으로 발송한 등기우편물
• 모사전송(팩스)우편물, 전자우편
• 우편요금표시기 사용 우편물, 우편요금 수취인부담 우편물
• 발송우체국장이 정한 조건에 맞는 국가 또는 지방자치단체의 우편물
• 우체통에서 발견된 습득물 중 우편물에서 이탈된 것으로 인정되지 않는 주민등록증

다음 중 우편요금 감액대상인 서적우편물에 대한 설명으로 옳지 <u>않은</u> 것은?

① 공중이 이용할 수 있도록 출판물에 가격이 표시된 출판물 또는 국제표준도서번호, 국제표준일련
간행물번호가 인쇄된 출판물에 대해 감액을 적용한다.
② 비정기적으로 발간되는 출판물에 대해서만 감액을 적용한다.
③ 본지, 부록 등을 포함한 우편물 1통의 총 무게는 1,500g을 초과할 수 없으며, 본지 외 내용물의
무게는 본지의 무게를 초과해서는 안 된다.
④ 우편엽서, 빈 봉투, 지로용지, 발행인(발송인) 명함은 각각 1장만 동봉 가능하다.

해설 본지, 부록 등을 포함한 우편물 1통의 총 무게는 1,200g을 초과할 수 없으며, 본지 외 내용물(부록, 기타 동봉물)의 무게는
본지의 무게를 초과해서는 안 된다.

답 ③

06 다음 중 국내우편요금 제도에 대한 내용으로 옳은 것은?

① 요금수취인부담 우편물의 취급대상은 통상우편물, 등기소포우편물, 계약등기이다.

② 우편요금 별납우편물은 관할 지방우정청장이 지정하는, 우편취급국을 제외한 모든 우체국에서 취급이 가능하다.

③ 요금수취인부담 우편물의 발송유효기간은 3년이 원칙이다.

④ 한 사람이 매월 50통 이상 보내는 통상·소포우편물은 우편요금 후납우편물의 취급대상이다.

> **해설**
> ② 우편요금 별납우편물은 관할 지방우정청장이 지정하는 우체국(우편취급국 포함)에서만 취급이 가능하다.
> ③ 요금수취인부담 우편물의 발송유효기간은 2년이 원칙이다. 단, 국가기관, 지방자치단체, 정부투자기관은 발송유효기간을 제한하지 않을 수 있어 2년을 초과하여 정할 수 있다.
> ④ 한 사람이 매월 100통 이상 보내는 통상·소포우편물이 우편요금 후납우편물의 취급대상이다.
>
> 답 ①

07 다음 중 요금수취인부담 우편물의 취급방법에 대한 설명으로 옳지 <u>않은</u> 것은?

① 국가기관, 지방자치단체 또는 정부투자기관에 있어서는 발송유효기간을 표시하지 아니할 수 있다.

② 발송유효기간을 경과하여 발송한 요금수취인부담 우편물은 발송인에게 반환한다.

③ 요금수취인부담 우편물 계약의 해지 후에는 해당 우편물이 발송유효기간 내에 발송된 경우라고 하더라도 발송인에게 반환해야 한다.

④ 우편요금은 부가취급수수료를 포함한 금액의 110%이며, 우편요금 합계금액에 원 단위가 있을 경우에는 절사한다.

> **해설**
> 요금수취인부담 우편물 계약의 해지 후라도 발송유효기간 내에 발송된 요금수취인부담 우편물은 수취인에게 배달한다.
>
> 답 ③

08 다음 중 정기간행물의 우편물 정기발송계약에 따른 우편요금 감액요건에 대한 설명으로 옳지 <u>않은</u> 것은?

① 계약당사자가 아닌 대리점, 영업사원, 개인 등이 발송하는 정기간행물은 감액대상에서 제외한다.

② 미등록물은 발행주기와 동일하게 계속해서 계약일 이전 일간은 10회 이상, 주간은 5회 이상, 월간은 3회 이상의 발행 실적을 증빙하는 서류 및 기발행된 간행물(또는 표지)을 제출해야 한다.

③ 정기간행물의 등록사항 변경과 휴간, 정간 등의 사유가 생기거나 계약서의 내용이 변경된 경우 그 사유가 발생한 날로부터 15일 이내에 서면으로 신고해야 한다.

④ 우편물의 정기 발송일에 우편물을 3회(일간은 10회) 이상 계속해서 발송하지 아니하는 경우 정기발송계약은 해지된다.

> **해설** 정기간행물의 등록사항 변경과 휴간, 정간 등의 사유가 생기거나 계약서의 내용이 변경되었을 경우에는 그 사유가 발생한 날로부터 10일 이내에 서면으로 신고하여야 하며, 이에 따른 정기간행물은 정기 발송일에 발송한 것으로 간주한다. 단, 휴간 횟수는 최근 6개월간(일간은 1개월간) 정기발송 횟수의 20% 이하로 제한한다.
>
> 답 ③

09 다음은 등록물의 종별 · 간별 기본 감액률에 대한 표이다. ㉠과 ㉡에 들어갈 값으로 옳은 것은?

종별	간별	요금 감액률
신문	일간	㉠
신문 · 잡지	주간	59%
잡지	월간	㉡

	㉠	㉡
①	62%	50%
②	60%	45%
③	50%	62%
④	45%	60%

> **해설** 주 3회 이상 발행하여 발송하는 정기간행물인 일간 신문의 경우 기본 감액률은 62%(㉠)이고, 월 1회 이상 발행하여 발송하는 정기간행물인 월간 잡지의 경우 기본 감액률은 50%(㉡)이다.
>
> 답 ①

10 다음 중 다량 우편물의 우편요금 감액에 대한 설명으로 옳지 <u>않은</u> 것은?

① 우편물의 종류와 중량 및 규격이 같은 우편물로서 1회에 2천 통 이상 발송하는 요금별납 일반우편물 또는 1회에 1천 통 이상 발송하는 요금후납 일반우편물이 감액 대상 우편물에 해당한다.

② 물량(기본) 감액을 위한 1회 발송 최소우편물 수는 1만 통 이상이다.

③ 환부불필요 우편물인 경우 우편물 표면 왼쪽 중간에 "환부불필요 우편"이라고 표시해야 한다.

④ 1회 발송 물량이 2만 통이며, 동일지역으로 발송하는 경우 우편요금은 0.5%가 감액된다.

 1회 발송 물량이 2만 통이며, 동일지역으로 발송하는 경우 우편요금은 1% 감액한다.

다량 우편물의 물량(기본) 감액률

1회 접수물량 및 발송지역	1만 통 이상		5만 통 이상		10만 통 이상	
	동일지역	타 지역	동일지역	타 지역	동일지역	타 지역
물량(기본) 감액률	1%	0.5%	2%	1%	4%	2%

※ 우편물의 1회 접수물량, 우편물 접수·배달권역(동일지역 또는 타 지역)에 따라 감액률을 적용

※ 동일지역, 타 지역 미구분 시 전체 물량에 대해 타지역 감액률 적용

※ 동일지역(우편물 접수지역과 배달지역을 권역화하여 권역 내인 경우)과 타 지역(접수지역과 배달지역을 달리할 경우)으로 구분

目 ④

| STEP7 | 손해배상 및 손실보상

01 국내우편물의 손해배상 청구절차에 대한 내용으로 옳지 <u>않은</u> 것은?

① 손해가 있다고 인정될 때는 우편물 수취를 거부한 다음 날부터 20일 안에 수취거부자(신고인)에게 손해 검사에 참관하도록 연락해야 한다.

② 배달우체국에서는 손해사실의 신고를 받았을 경우 집배원 또는 책임직이 수취거부 우편물의 외장 또는 무게의 이상유무, 직원의 고의나 잘못이 있는지 등을 검사하여야 한다.

③ 발송인이나 수취인이 우편물에 이상이 있다고 주장하는 경우, 우편물을 수취거부하고 신고하도록 안내한다.

④ 신고를 받은 직원은 업무 담당자에게 전달하고, 업무 담당자는 우편물류시스템에 사고접수내역을 등록한 후 배달우체국에 검사를 요청한다.

> **해설** 손해가 있다고 인정될 때는 우편물 수취를 거부한 다음 날부터 15일 안에 수취거부자(신고인)에게 손해 검사에 참관하도록 연락해야 한다.
>
> 답 ①

02 다음 중 국내우편업무 관련 손실보상 등의 범위에 해당하지 <u>않는</u> 것은?

① 우편업무를 수행 중에 도로 장애로 담장 없는 집터, 논밭이나 그 밖의 장소를 통행하여 생긴 손실에 대한 보상을 피해자가 청구하는 경우

② 손실보상이 있는 사실을 안 날부터 6개월 안에 청구한 것

③ 우편업무를 수행 중인 운송원ㆍ집배원과 항공기ㆍ차량ㆍ선박 등이 통행료를 내지 않고 도로나 다리를 지나간 경우

④ 운송원이 도움을 받은 경우 도와준 사람에게 보상하는 경우

> **해설** 손실보상이 있었던 날부터 1년 안에 청구하여야 한다.
>
> 답 ②

03 다음 중 국내우편 손실보상 등의 절차로 옳지 <u>않은</u> 것은?

① 손실보상 청구인은 반드시 출석하여 질문을 받아야 한다.

② 도와준 사람에게 줄 보수나 손실보상을 청구할 때에는 청구인의 주소, 성명, 청구사유, 청구금액을 적은 청구서를 운송원 등이 소속하고 있는 우체국장을 거쳐 관할 지방우정청장에게 제출하여야 한다.

③ 청구서와 의견서를 받은 지방우정청장은 그 내용을 심사하여 청구내용이 정당하지 아니하다고 인정하는 때에는 그 사유서를 청구인에게 보낸다.

④ 청구내용이 정당하다고 인정하는 때에는 청구한 보수나 손실보상금을 청구인에게 지급하여야 한다.

 지방우정청장은 필요하다고 인정하는 경우에는 청구인의 출석을 요구하여 질문하거나 관계 자료를 제출하도록 할 수 있다.

답 ①

04 다음 중 손해를 배상한 우편물의 처리에 대한 내용으로 옳지 <u>않은</u> 것은?

① 손해가 있다고 신고한 우편물을 우체국에서 보관하거나 총괄우체국으로 보내는 경우, 우편물 상태를 책임자가 정확하게 확인하고 주고받아야 하며 손해 상태가 달라지지 않도록 취급해야 한다.

② 검사결과 손해가 없는 것으로 드러나는 경우, 손해검사조사서 1통은 우편물과 함께 수취거부자에게 보내고 1통은 관할 경찰서에서 보관한다.

③ 손해를 배상한 우편물은 배상한 우체국에서 반송불능우편물 처리방법에 따라서 처리한다.

④ 수리비용 등 일부 손해를 배상한 경우에는 우편물을 내어줄 수 있다.

 검사결과 손해가 없는 것으로 드러나는 경우, 손해검사조사서 1통은 우편물과 함께 수취거부자에게 보내고 1통은 해당 우체국에서 보관한다.

답 ②

05 다음 중 국내우편 손해배상의 법적 사항으로 옳지 **않은** 것은?

① 손해배상에 이의가 있을 때는 결정 통지를 받을 날부터 3개월 안에 민사소송을 제기할 수 있다.

② 손해배상 청구권의 시효는 우편물을 발송한 날부터 1년이다.

③ 해당 손해배상에 대해 공무원의 고의 또는 중대한 잘못이 있는 경우 배상책임을 물을 수 있다.

④ 손해배상 결정서를 받은 청구인은 우편물을 받은 날부터 3년 안에 배상액을 청구할 수 있다.

> 해설 손해배상 결정서를 받은 청구인은 우편물을 받은 날부터 5년 안에 배상액을 청구할 수 있는데, 그 이후에는 시효로 인해 권리가 소멸된다.
>
> 답 ④

06 다음은 이용자 실비지급제도의 범위 및 지급 사유이다. (   ) 안에 들어갈 내용을 차례로 나열한 것은?

> • 모든 우편은 우체국 직원의 잘못이나 불친절한 응대 등으로 (   ) 이상 우체국을 방문하였다고 신고한 경우 지급 가능하다.
> • EMS는 종 · 추적조사나 손해배상을 청구한 때 (   ) 이상 지연 응대한 경우 지급 가능하다.

① 2회, 2일

② 2회, 3일

③ 3회, 2일

④ 3회, 3일

> 해설 • 모든 우편은 우체국 직원의 잘못이나 불친절한 응대 등으로 (2회) 이상 우체국을 방문하였다고 신고한 경우 실비 지급이 가능하다.
> • EMS는 종 · 추적조사나 손해배상을 청구한 때 (3일) 이상 지연 응대한 경우 실비지급이 가능하다.
>
> 답 ②

더 알아보기 ✚

이용자 실비지급제도의 범위와 지급액

구분	지급 사유	실비 지급액
모든 우편	우체국 직원의 잘못이나 불친절한 응대 등으로 2회 이상 우체국을 방문하였다고 신고한 경우	1만 원 상당의 문화상품권 등 지급
EMS	종 · 추적조사나 손해배상을 청구한 때 3일 이상 지연 응대한 경우	무료발송권(1회 3만 원권)
	한 발송인에게 월 2회 이상 손실이나 망실이 생긴 때	무료발송권(1회 10kg까지) ※ 보험가입여부와 관계없이 월 2회 이상 손실 · 망실이 생긴 때

07 우편이용자가 실비지급을 받고자 할 때에는 사유 발생일로부터 며칠 이내에 신고해야 하는가?

① 5일   ② 7일

③ 15일   ④ 30일

 해설   사유가 발생한 날부터 15일 이내에 해당 우체국에 신고하여야 한다.

답 ③

더 알아보기 ✚

이용자 실비지급제도

- 우정사업본부장이 공표한 기준에 맞는 우편서비스를 제공하지 못할 경우에 예산의 범위에서 교통비 등 실비의 전부나 일부를 지급하는 제도를 말한다.
- 부가취급 여부 · 재산적 손해 유무를 요건으로 하지 않고 실비를 보전하는 점에서 손해배상과 성질상 차이가 있다.

08 우편물 손해배상의 범위와 배상금액을 연결한 것으로 옳지 <u>않은</u> 것은?

① 통상 준등기 손실 시 – 최고 5만 원
② 등기취급 소포 손실 시 – 최고 50만 원
③ 당일특급 소포 지연배달 시 – 최고 10만 원
④ 파손 · 훼손 · 분실한 우편물 – 손실 · 분실에 해당하는 금액

해설 손해배상의 범위 및 금액

구분			손실 · 분실(최고)	지연배달
통상	일반		없음	없음
	준등기		5만 원	없음
	등기취급		10만 원	D+5일 배달분부터: 우편요금과 등기취급수수료
	국내특급	당일특급	10만 원	• D+1일 0~20시까지 배달분: 국내특급수수료 • D+1일 20시 이후 배달분: 우편요금과 국내특급수수료
		익일특급	10만 원	D+3일 배달분부터: 우편요금 및 국내특급수수료
소포	일반		없음	없음
	등기취급		50만 원	D+3일 배달분부터: 우편요금 및 등기취급수수료
	국내특급	당일특급	50만 원	• D+1일 0~20시까지 배달분: 국내특급수수료 • D+1일 20시 이후 배달분: 우편요금과 국내특급수수료

※ D는 우편물을 접수한 날을 말하며, 공휴일과 우정사업본부장이 배달하지 않기로 정한 날은 배달기한에서 제외한다.

답 ③

09 손해배상 청구권에 대한 설명 중 (　　) 안에 들어갈 내용을 차례로 나열한 것은?

> • 손해배상의 청구권자는 당해 우편물의 (　　)이다.
> • 손해배상결정서를 받은 청구인은 우편물을 받은 날부터 (　　) 안에 배상액을 청구할 수 있다. 그 이후에는 시효로 인해 권리가 소멸된다.

① 발송인 또는 발송인의 승인을 얻은 수취인, 5년
② 발송인 또는 발송인의 가족, 3년
③ 발송인 또는 발송인의 승인을 얻은 수취인, 3년
④ 발송인 또는 발송인의 가족, 5년

해설

• 손해배상의 청구권자는 당해 우편물의 발송인 또는 발송인의 승인을 얻은 수취인으로 한다.
• 손해배상 청구권은 우편물을 발송한 날부터 1년이다. 다만, 손해배상결정서를 받은 청구인은 우편물을 받은 날부터 5년 안에 배상액을 청구할 수 있다. 그 이후에는 시효로 인해 권리가 소멸된다.

답 ①

10 국내우편물에서 손해가 있는 것으로 판단되면 손해배상 청구를 심사한다. 다음 중 심사할 사항으로 옳지 않은 것은?

① 우편물을 정상적으로 수취한 다음에 신고한 것은 아닌지
② 우편물을 발송한 날로부터 6개월 내에 청구한 것인지
③ 청구자가 수취인이라면 발송인의 승인을 얻은 것인지
④ 원인이 발송인이나 수취인에게 있거나 불가항력적이었던 것은 아닌지

해설

우편물을 발송한 날로부터 1년 내에 청구한 것인지 심사한다.

답 ②

더 알아보기 ➕

청구 심사가 끝나면 적정한 감정기관의 의견이나 증빙자료를 바탕으로 배상 금액을 결정하고 손해배상결정서를 청구인에게 보낸다. 청구인은 금융창구를 통해 배상액을 청구할 수 있다.

11 다음은 우편물의 손실보상에 관한 내용이다. 옳지 <u>않은</u> 것은?

① 우편업무 수행 중에 통행료를 지급하지 않고 도로나 다리를 이용한 경우 해당 통행료는 손실보상의 범위에 속한다.

② 운송원이 도움을 받은 경우 도와준 사람에 대한 보상은 손실보상의 범위에 속한다.

③ 우편업무 수행 중에 도로 장애로 논밭이나 그 밖의 장소를 통행하여 생긴 손실에 대한 보상을 피해자가 청구하는 경우 보상해 주어야 한다.

④ 손실보상은 그 사실이 있었던 날로부터 6개월 이내에 청구하여야 한다.

> **해설** 손실보상 사실이 있었던 날부터 1년 안에 청구하여야 한다.
>
> 目 ④

12 다음 중 손해를 배상하지 않아도 되는 경우가 <u>아닌</u> 것은?

① 우편물의 손해가 당해 우편물의 성질, 결함 또는 불가항력으로 인하여 발생한 경우

② 수취인이 우편물을 정당하게 받았을 경우

③ 우편물이 분실되었을 경우

④ 우편물을 교부할 때 외부에 파손의 흔적이 없고, 무게도 차이가 없을 경우

> **해설** 발송인이나 수취인의 잘못으로 손해가 생긴 경우, 우편물의 성질·결함 또는 불가항력적인 이유로 손해가 생긴 경우, 우편물을 배달(교부)할 때 외부에 파손 흔적이 없고 무게도 차이가 없는 경우, 수취인이 우편물을 정당하게 받았을 경우에 손해를 배상하지 않는다.
>
> 目 ③

13 다음 중 국내우편물의 손해배상청구에 관한 내용으로 옳지 <u>않은</u> 것은?

① 손해가 있다고 인정될 때는 우편물 수취를 거부한 다음 날부터 15일 안에 수취거부자(신고인)에게 손해 검사에 참관하도록 연락해야 한다.

② 수리비용 등 일부 손해를 배상한 경우 우편물을 내어줄 수 없다.

③ 손해배상 청구권은 우편물을 발송한 날부터 1년인데, 손해배상결정서를 받은 청구인은 우편물을 받은 날부터 5년 안에 배상액을 청구할 수 있다.

④ 배달우체국에서는 손해사실의 신고를 받았을 때에는 집배원 또는 책임직이 수취거부 우편물의 외장 또는 무게의 이상 유무, 직원의 고의나 잘못이 있는지 등을 검사하여야 한다.

> 해설 손해를 배상한 우편물은 배상한 우체국에서 반송불능우편물 처리방법에 따라서 처리하고, 수리비용 등 일부 손해를 배상한 경우에는 우편물을 내어줄 수 있다.
>
> 답 ②

더 알아보기 ➕

손해배상 우편물의 처리

- 손해를 배상한 우편물은 배상한 우체국에서 반송불능우편물 처리방법에 따라서 처리한다. 다만, 수리비용 등 일부 손해를 배상한 경우에는 우편물을 내어줄 수 있다.
- 검사결과 손해가 없는 것으로 드러나는 경우, 손해검사조사서 1통은 우편물과 함께 수취거부자에게 보내고 1통은 해당 우체국에서 보관한다.
- 손해가 있다고 신고한 우편물을 우체국에서 보관하거나 총괄우체국으로 보내는 경우, 우편물 상태를 책임자가 정확하게 확인하고 주고받아야 하며 손해 상태가 달라지지 않도록 취급해야 한다.

14 국내통상 당일특급우편물이 접수한 다음 날 21시에 지연 배달이 되었을 경우 지연 배달에 대한 배상금액의 종류로 옳은 것은?

① 우편요금 및 국내특급수수료
② 우편요금 및 등기취급수수료
③ 국내특급수수료
④ 등기취급수수료

> 해설 **국내통상 특급우편 지연 배달 기준 및 배상금액**
> - 당일특급
>   - D＋1일 0∼20시 전까지 배달 : 국내특급수수료
>   - D＋1일 20시 이후 배달 : 우편요금과 국내특급수수료
> - 익일특급
>   D＋3일 이상 배달분부터 : 우편요금 및 국내특급수수료
>
> 답 ①

01 다음 중 우편사서함 사용계약 신청서 접수에 대한 내용으로 옳지 <u>않은</u> 것은?

① 사서함 신청을 받은 우체국장은 국가기관, 지방자치단체, 일일 배달 예정 물량이 100통 이상인 다량이용자, 우편물 배달 주소지가 사서함 설치 우체국의 관할구역인 신청자 순서로 우선 계약을 할 수 있다.

② 사서함은 2인 이상이 공동으로 사용할 수 없다.

③ 법인, 공공기관 등 단체의 우편물 수령인은 5명까지 등록 가능하며 신규 개설할 때나 대리 수령인이 바뀐 때는, 미리 신고할 경우에만 가능하다.

④ 사서함 관리 시 개인정보보호를 위해 신청인의 주소, 사무소나 사업소의 소재지는 확인할 수 없다.

 사서함 관리를 위해 필요한 경우 신청인(사서함 사용 중인 사람 포함)의 주소, 사무소나 사업소의 소재지를 확인할 수 있다.

답 ④

02 보관우편물의 보관국 변경 또는 배달청구 우편물의 처리요령으로 옳지 <u>않은</u> 것은?

① 보관국 변경청구인 경우, 이미 다른 우체국을 보관국으로 변경 청구한 것은 아닌지 확인해야 하며, 변경은 2회까지 가능하다.

② 청구인이 수취인이 아닌 경우에는 정당하게 위임을 받은 사람인지 제출한 서류를 근거로 확인한다.

③ 요청한 고객이 정당한 수취인인지 확인해야 한다.

④ 해당 우편물을 수취인이 수령하기 전 우편물만 청구 가능하다.

 보관국 변경 또는 배달청구 우편물의 처리요령
- 요청한 고객이 정당한 수취인인지 확인(정당한 수취인만 가능)
- 보관국 변경청구인 경우, 이미 다른 우체국을 보관국으로 변경 청구한 것은 아닌지 확인(1회만 가능)
- 해당 우편물을 수취인이 수령하지 않았는지 확인(수령 전 우편물만 가능)
- 특히, 청구인이 수취인이 아닌 경우에는 정당하게 위임을 받은 사람인지 제출한 서류를 근거로 주의해서 확인

답 ①

03 보관국에서 보관우편물을 수취인에게 내어줄 때 청구인이 수취인이 아닌 경우 정당하게 위임받은 사람 인지 확인하는 서류로 옳지 <u>않은</u> 것은?

① 위임하는 사람이 법인의 대표인 경우에는 대표자의 위임장과 법인인감증명서, 대리인 신분증을 확인한다.

② 위임장과 위임인(수취인)의 인감증명서, 대리인의 신분증을 확인하고, 인감증명서는 본인발급분만 가능하다.

③ 군복무자는 위임장과 부대장(대대장 이상)의 위임사실 확인(명판과 직인 날인), 대리인 신분증을 확인한다.

④ 수감자는 위임장과 교도소장의 위임사실 확인(명판과 직인 날인), 대리인 신분증을 확인한다.

해설
위임장과 위임인(수취인)의 인감증명서, 대리인의 신분증 확인, 인감증명서는 본인발급분이나 대리발급분 모두 가능하며, '본인서명 사실확인서'도 가능하다.

답 ②

04 국내우편물 수취인의 주소·성명 변경청구 및 우편물의 반환청구의 수리여부 검토에 대한 설명으로 옳지 <u>않은</u> 것은?

① 발송인의 청구를 받아들여도 업무상 지장이 없는지 확인한다.

② 내용증명의 수취인 주소·성명을 변경하는 경우에는 우편물을 반환한 뒤, 반드시 새로운 내용물로 다시 작성하여 발송하여야 한다.

③ 우편물이 이미 발송되었거나 발송준비가 완료가 된 경우 우편물 배달 전에 배달국에 알릴 수 있는 상황인지 확인해야 한다.

④ 우편물 배달기한을 생각할 때 청구가 실효성이 있을지 확인해야 한다.

해설
내용증명의 수취인 주소·성명을 변경하는 경우 우편물을 반환한 뒤, 새로운 내용물로 다시 작성하여 발송하거나, 봉투와 원본·등본의 내용을 모두 같게 고친 후 발송하여야 한다.

답 ②

더 알아보기⊕

우편물 반환청구의 수리여부 검토
- 청구인의 정당 여부 확인
- 청구가능 우편물 여부 확인
- 우편물이 이미 배달(교부)되었거나 배달준비가 완료된 것은 아닌지 확인
- 우편물이 이미 발송되었거나 발송준비가 완료가 된 경우 우편물 배달 전에 배달국에 알릴 수 있는 상황인지 확인
- 우편물 배달기한을 생각할 때 청구가 실효성이 있을지 확인
- 그 밖에 발송인의 청구를 받아들여도 업무상 지장이 없는지 확인

STEP 9 | 우편물류

01 다음 중 우편물의 발송에 대한 내용으로 옳지 않은 것은?

① 발송·도착구분 작업이 끝난 우편물은 운송방법지정서에 지정된 운송편으로 발송한다.
② 분류하거나 구분한 우편물은 섞이지 않게 운송용기에 적재한다.
③ 우편물의 발송순서는 일반등기우편물, 특급우편물, 일반우편물 순으로 발송한다.
④ 우편물량이 적을 경우에는 형태별로 묶어 담고 운송용기 국명표는 혼재 표시된 국명표를 사용한다.

해설

우편물의 발송기준
- 발송·도착구분 작업이 끝난 우편물은 운송방법지정서에 지정된 운송편으로 발송한다.
- 우편물의 발송순서는 특급우편물, 일반등기우편물, 일반우편물 순으로 발송한다.
- 우편물 발송 시 운송확인서를 운전자와 교환하여 발송한다.

답 ③

02 배달의 우선순위에 맞게 우편물을 처리하는 순서로 가장 옳은 것은?

① 기록취급우편물 → 일반통상우편물 → 제1, 2순위 이외의 우편물
② 일반통상우편물 → 등기통상우편물 → 국제항공우편물
③ 국제항공우편물 → 국제선편우편물 → 등기소포우편물
④ 등기소포우편물 → 국제항공무편물 → 등기통상우편물

 우편물 배달의 우선순위
- 제1순위: 기록취급우편물, 국제항공우편물
- 제2순위: 준등기우편물, 일반통상우편물(국제선편통상우편물 중 서장 및 엽서 포함)
- 제3순위: 제1, 제2순위 이외의 우편물
- 제1순위부터 제3순위까지 우편물 중 한 번에 배달하지 못하고 잔량이 있을 때에는 다음 편에 우선 배달한다.

답 ①

03 다음 운송의 종류에 해당하는 내용으로 옳지 <u>않은</u> 것은?

① 정기운송은 우편물의 안정적인 운송을 위하여 관할 지방우정청장이 운송구간, 수수국, 수수시각, 차량톤수 등을 우편물 운송방법 지정서에 지정하고 시행한다.
② 임시운송은 물량의 증감에 따라 정기운송편 이외 방법으로 운송하는 것이다.
③ 특별운송은 우편물 정시송달이 가능하도록 최선편에 운송하고 운송료는 선결제한다.
④ 특별운송은 우편물의 일시적인 폭주와 교통의 장애 등 그 밖의 특별한 사정이 있다고 인정되는 경우에 우편물의 원활한 송달을 위하여 전세차량 · 선박 · 항공기 등을 이용하여 운송한다.

 특별운송은 우편물 정시송달이 가능하도록 최선편에 운송하고 운송료는 사후에 정산한다.

답 ③

04 다음 중 우편물 배달 기준으로 옳은 것은?

① 시소재지 이상 총괄우체국의 일반우편물은 우편물이 도착한 날 순로구분하고 그날 배달한다.

② 집배국 일반우편물의 오전 도착 분은 순로구분하여 그날 배달한다.

③ 집배국 일반우편물의 오후 도착 분은 도착 그날 순로구분하여 다음 날 배달한다.

④ 시한성 우편물, 등기소포는 도착 당일 구분하여 당일 배달한다.

- 모든 지역의 일반우편물은 우편물이 도착한 날 순로구분을 하여 다음 날에 배달한다. 단, 집배순로구분기 설치국의 오후시간대 도착우편물은 도착한 다음 날 순로 구분을 하여, 순로구분한 다음 날에 배달한다.
- 시한성 우편물, 특급(당일, 익일)우편물, 등기소포는 도착 당일 구분하여 당일 배달한다.

답 ④

05 배달의 일반원칙으로 옳지 <u>않은</u> 것은?

① 수취인이 2명 이상인 경우에는 수취인 모두에게 배달한다.

② 취급과정을 기록하는 우편물은 정당 수령인으로부터 그 수령사실의 확인을 받고 배달하여야 한다.

③ 우편물은 그 표면에 기재된 곳에 배달한다.

④ 우편사서함 번호를 기록한 우편물은 당해 사서함에 배달한다.

배달의 일반원칙
- 우편물은 그 표면에 기재된 곳에 배달한다.
- 수취인이 2명 이상인 경우에는 그중 1인에게 배달한다.
- 우편사서함 번호를 기록한 우편물은 당해 사서함에 배달한다.
- 취급과정을 기록하는 우편물은 정당 수령인으로부터 그 수령사실의 확인[서명(전자서명 포함) 또는 날인]을 받고 배달하여야 한다.

답 ①

06 다음 중 우편물의 사서함 교부방법으로 옳지 <u>않은</u> 것은?

① 우편사서함 번호를 기록하지 않은 익일특급은 사서함에 넣지 않고 주소지에 배달한다.

② 우편사서함에 교부하는 우편물은 운송편이나 수집편이 도착할 때마다 구분하여 즉시 사서함에 투입한다.

③ 사서함 이용자가 사서함에서 안내표찰을 꺼내 창구에 제출하면 담당자는 따로 보관하고 있는 우편물을 내어준다.

④ 전자서명방식으로 수령인의 서명을 받고 배달결과를 우편물류시스템에 등록한다.

> **해설** 사서함번호를 기록하지 않은 우편물
>
> 우편사서함 번호를 기록하지 않은 우편물이라도 우편사서함 사용자에게 가는 우편물이 확실할 때에는 우편사서함에 투입 가능
>
> ※ 다만, 당일특급, 특별송달, 보험등기, 맞춤형 계약등기, 등기소포우편물은 사서함에 넣지 않고 주소지에 배달
>
> **답 ①**

07 다음 중 부가취급우편물의 발송에 대한 설명으로 옳지 <u>않은</u> 것은?

① 덮개가 있는 우편상자에 담아 덮개에 운송용기 국명표를 부착하는데, 반드시 봉함할 필요는 없다.

② 부가취급우편물송달증은 관리작업이 끝난 우편물을 발송할 때 전산 송부(e-송달증시스템)한다.

③ 당일특급우편물은 국내특급우편자루를 사용하고 다른 우편물과 구별하여 해당 배달국이나 집중국으로 별도로 묶어서 발송한다.

④ 운송용기에 담을 때에는 책임자나 책임자가 지정하는 사람이 참관하여 우편물류시스템으로 부가취급우편물 송달증을 생성하고 송달증과 현품 수량을 대조 확인한 후 발송한다.

> **해설** 덮개가 있는 우편상자에 담아 덮개에 운송용기 국명표를 부착하고 묶음 끈을 사용하여 반드시 봉함한 후 발송한다.
>
> **답 ①**

08 다음 중 보관우편물의 교부에 대한 내용으로 옳지 <u>않은</u> 것은?

① 종이배달증은 등기취급한 보관우편물은 배달증의 적요란에 '보관'이라고 적은 후 수취인에게 내어줄 때까지 보관한다.

② 교통이 불편하거나 그 밖의 사유로 수취인이 10일 이내에 우편물을 교부받을 수 없다고 인정될 때에는 30일 이내로 교부기간을 연장할 수 있다.

③ 자국에서 보관 교부할 우편물이 도착하였을 때는 해당 우편물에 도착날짜도장을 날인하고 따로 보관한다.

④ '우체국 보관'의 표시가 있는 우편물은 그 우체국 창구에서 수취인에게 우편물을 내어준다.

 교통이 불편하거나 그 밖의 사유로 수취인이 10일 이내에 우편물을 교부받을 수 없다고 인정될 때에는 20일 이내로 교부기간을 연장할 수 있다.

답 ②

09 우편물 배달의 우선순위에 대한 내용으로 옳지 <u>않은</u> 것은?

① 국제항공우편물은 제2순위로 배달한다.

② 제1순위부터 제3순위까지 우편물 중 한 번에 배달하지 못하고 잔량이 있을 때에는 다음 편에 우선 배달한다.

③ 기록취급우편물은 제1순위로 배달한다.

④ 우편물 배달의 우선순위는 총 3가지로 구분한다.

 제2순위 배달물은 준등기우편물, 일반통상우편물(국제선편통상우편물 중 서장 및 엽서포함)이다. 국제항공우편물은 제1순위 배달물에 해당한다.

답 ①

10 사서함우편물 교부방법에 대한 내용으로 옳지 <u>않은</u> 것은?

① 우편사서함 번호를 기록하지 않은 우편물이라도 우편사서함 사용자에게 가는 우편물이 확실할 때에는 우편사서함에 투입 가능하다.

② 사서함 이용자가 사서함에서 안내표찰을 꺼내 창구에 제출하면 담당자는 따로 보관하고 있는 우편물을 내어준다.

③ 사서함번호와 주소가 함께 기록된 우편물은 사서함에 넣을 수 있으며 익일특급 우편물은 주소지에 배달한다.

④ 사서함번호만 기록한 우편물은 해당 사서함에 정확하게 넣고 수취인에게 우편물 도착사실을 알려주며, 생물 등 변질이 우려되는 소포는 냉동·냉장고에 보관하였다가 수취인에게 내어준다.

> **해설** 사서함번호와 주소가 함께 기록된 우편물은 우편물을 사서함에 넣을 수 있으며, 당일특급·특별송달·보험취급·맞춤형 계약등기 우편물은 주소지에 배달한다.
>
> 답 ③

11 다음 중 우편물 배달의 특례에 관한 설명으로 옳지 <u>않은</u> 것은?

① 마을공동수취함은 마을 대표(이장)가 관할 우체국장의 승인을 얻어 마을주민의 공동부담으로 설치할 수 있다.

② 수취인이 없어 무인우편물 보관함에 배달할 때는 수취인의 동의를 받은 후 배달해야 한다.

③ 우편사서함에 교부하는 우편물은 운송편 또는 수집편이 도착할 때마다 구분하여 즉시 사서함에 투입하여야 한다.

④ 휴가 등으로 수취인이 장기간 집을 비울 때 등기우편물은 주소지에 동거인이 있다면 그 동거인에게 배달할 수 있다.

> **해설** 마을공동수취함은 교통이 불편한 도서·농어촌 지역, 공동생활 지역 등 정상적인 우편물의 배달이 어려울 경우 배달우체국장이 설치한다.
>
> 답 ①

12 다음 중 원칙적으로 무인우편물 보관함에 배달할 수 있는 우편물은 무엇인가?

① 특별송달우편물
② 등기우편물
③ 착불배달우편물
④ 보험취급우편물

 등기우편물을 무인우편물 보관함에 배달하는 경우에는 무인우편물 보관함에서 제공하는 배달확인이 가능한 증명자료로 수령사실의 확인을 갈음할 수 있다(「우편법 시행령」 제42조 제3항).

무인우편물 보관함에 배달할 수 없는 우편물
• 보험취급우편물
• 특별송달우편물
• 착불배달우편물
• 계약등기우편물로서 회신우편 및 본인지정배달을 부가취급으로 지정한 우편물

답 ②

13 다음 중 우편물 배달에 관한 설명으로 가장 옳지 <u>않은</u> 것은?

① 사서함번호와 주소가 함께 기재된 사서함우편물 중 익일특급 우편물은 주소지에 배달한다.
② 수취인의 직접 수령한 사실의 확인이 필요한 우편물은 무인우편물 보관함에 배달할 수 없다.
③ 우편물의 보관기간은 교통이 불편하거나 그 밖의 사유로 수취인이 10일 이내에 우편물을 교부받을 수 없다고 인정될 때에는 20일 이내로 교부기간을 연장할 수 있다.
④ 같은 건축물 또는 같은 구내의 수취인에게 배달할 우편물은 그 건축물이나 구내의 관리사무소, 접수처 또는 관리인에게 배달할 수 있다.

 사서함번호와 주소가 함께 기록된 우편물
우편물을 사서함에 넣을 수 있으며, 당일특급 · 특별송달 · 보험취급 · 맞춤형 계약등기 우편물은 주소지에 배달한다.

답 ①

14 휴가 등으로 수취인이 장기간 집을 비울 때 우편물 배달방법으로 옳은 것은?

① 수취인 장기부재신고서에 돌아올 날짜를 미리 신고한 경우, 돌아올 날짜가 15일 이후에는 경비실 이나 이웃에 보관한다.

② 주소지에 동거인이 없는 경우에는 "수취인장기부재" 표시하여 반송한다.

③ 수취인 장기부재신고서에 돌아올 날짜를 미리 신고한 경우, 돌아올 날짜가 15일 이내에는 돌아올 날짜에 배달한다.

④ 수취인 주소지에 동거인이 있는 경우에는 그 동거인에게 배달한다.

> **해설** 수취인 장기부재 시 우편물 배달
> 휴가 등으로 수취인이 장기간 집을 비울 때 등기우편물은 다음과 같이 배달할 수 있다.
> • 주소지에 동거인이 있는 경우에는 그 동거인에게 배달
> • 수취인 장기부재신고서에 돌아올 날짜를 미리 신고한 경우
>   – 15일 이내: 돌아올 날짜의 다음 날에 배달
>   – 15일 이후: "수취인장기부재" 표시하여 반송
>
> 답 ④

15 등기취급우편물의 배달방법에 대한 내용으로 옳지 <u>않은</u> 것은?

① 당일특급은 3회 배달 후 보관하지 않고 반송한다.

② 맞춤형 계약등기는 3회 배달, 2일 보관 후 반송한다.

③ 등기소포는 2회 배달, 2일 보관 후 반송한다.

④ 특별송달은 2회 배달, 2일 보관 후 반송한다.

> **해설** 종류별 배달방법
>
> | 우편물 종류 | 배달방법 |
> | --- | --- |
> | 당일특급, 특별송달 | 3회 배달 후 보관하지 않고 반송 |
> | 맞춤형 계약등기 | 3회 배달, 2일 보관 후 반송 |
> | 내용증명, 보험취급(외화 제외), 선거우편, 등기소포 | 2회 배달, 2일 보관 후 반송 |
> | 기타 등기통상 | 2회 배달, 4일 보관 후 반송 |
>
> 답 ④

16 국내우편물 배달의 특례에 대한 설명으로 옳지 <u>않은</u> 것은?

① 일반우편물은 원래 주소지에 배달하고 등기우편물은 1차 배달이 안 되었을 경우 대리수령인에게 배달한다.

② 같은 건축물이나 같은 구내의 수취인에게 배달할 우편물은 그 건축물이나 구내의 관리사무소, 접수처, 관리인에게 배달 가능하다.

③ 수취인 장기부재신고서에 돌아올 날짜를 미리 신고한 경우, 15일 이후에는 돌아올 날짜의 다음 날에 배달한다.

④ 관리사무소, 접수처, 관리인 등이 없는 경우에는 일반우편물은 우편함에 배달하고 우편함에 넣을 수 없는 우편물과 부가취급우편물, 요금수취인부담우편물을 수취인에게 직접 배달한다.

> **해설**
> 수취인 장기부재 시 수취인 장기부재신고서에 돌아올 날짜를 미리 신고한 경우
> • 15일 이내: 돌아올 날짜의 다음 날에 배달
> • 15일 이후: "수취인장기부재" 표시하여 반송
>
> 답 ③

17 우편물 발착업무의 작업내용으로 옳지 <u>않은</u> 것은?

① 분류 · 정리작업은 우편물을 종류별로 구분하고 우편물 구분작업을 쉽게 하기 위하여 기계구분우편물과 수구분우편물로 분류하는 등의 작업이다.

② 구분작업은 발송구분과 도착구분, 우편집중국별 구분과 집배원별 구분 등이 있다.

③ 발송작업은 구분이 완료된 우편물을 보내기 위한 송달증 생성, 체결, 우편물 적재 등의 작업이다.

④ 도착작업은 도착한 운송용기를 개봉하지 않고 검사하여 확인하는 작업이다.

> **해설**
> 도착작업은 도착한 운송용기를 검사하고 개봉하여 확인하는 작업이다.
>
> **우편물 발착업무**
> 우편물 발착업무는 접수우편물을 행선지별로 구분 · 발송하고 배달우편물은 배달국의 집배원별로 구분 · 인계하는 작업을 말하며, 그 처리과정은 분류 · 정리, 구분, 발송, 도착 작업으로 구성되어 있다.
>
> 답 ④

18 운송선로에 대한 설명으로 옳은 것은?

① 운송수단에 따라 육로우편운송선로, 항공우편운송선로로 구분한다.

② 운영방법에 따라 우체국 보유 차량으로 운송하는 직영운송과 운송업체에 위탁하여 운송하는 위탁운송으로 구분한다.

③ 직영운송은 우정사업본부장이 지정하는 비영리법인 및 운송사업자 등에게 우편물을 위탁하여 운송하는 방식이다.

④ 수집은 우편집중국 등에서 배달할 우편물을 배달국으로 보내는 운송 형태를 말한다.

① 운송수단에 따라 육로우편운송선로, 항공우편운송선로, 선편우편운송선로, 철도우편운송선로로 구분한다.
③ 위탁운송은 우정사업본부장이 지정하는 비영리법인 및 운송사업자 등에게 우편물을 위탁하여 운송하는 방식이다.
④ 배분은 우편집중국 등에서 배달할 우편물을 배달국으로 보내는 운송 형태를 말한다.

답 ②

19 운송용기의 개봉작업으로 옳지 <u>않은</u> 것은?

① 도착검사가 끝난 운송용기가 해당 부서에 도착하면 운송용기에 부착된 국명표를 제거하지 않은 상태로 처리한다.

② 인계 · 인수가 끝난 우편물은 익일특급, 등기우편 순으로 개봉하여 처리한다.

③ 부가취급우편물을 담은 운송용기를 개봉할 때에는 책임자나 책임자가 지정하는 사람이 참관하여야 한다.

④ 개봉이 끝난 운송용기는 운송용기 관리지침에 따르고 우편자루는 뒤집어서 남은 우편물이 없는가를 확인해야 한다.

도착검사가 끝난 운송용기가 해당 부서에 도착하면 운송용기에 부착된 국명표를 제거하고 처리한다.

답 ①

국제우편

| STEP1 | 국제우편 총설

01 국제우편에 대한 설명으로 가장 옳지 <u>않은</u> 것은?

① 국제우편의 초창기부터 범세계적 우편기구를 통해 국제우편물을 교환하였다.

② 국가 또는 그 관할 영토의 경계선을 넘어 우편을 교환하는 제도를 의미한다.

③ 국제우편은 국내우편과 비교해 볼 때 차별되고 독특한 취급내용과 절차가 있다.

④ 나라와 나라 상호 간에 의사나 사상을 전달, 매개하거나 물건을 송달할 목적으로 취급되는 우편물을 국제우편물이라고 한다.

초창기에는 개별 당사국 간의 조약에 의하여 국제우편물을 교환하였으나 운송수단의 발달, 교역의 확대 등에 따른 우편수요의 증가와 이용조건 및 취급방법의 상이함에서 오는 불편 등을 해소하기 위하여 범세계적인 국제 우편기구인 만국우편연합(UPU)을 창설하였다.

답 ①

02 아·태우편연합(APPU)에 대한 내용으로 옳지 <u>않은</u> 것은?

① 우리나라는 아·태우정연수소의 창설국인 동시에 관리이사국으로서 초대 교수부장을 비롯한 교수요원과 자문관을 파견했다.

② 우리나라는 제11차 APPU 총회를 2013년에 개최하여 집행이사회 의장국으로 활동했다.

③ APPU 총회 기간 중 한국 우정의 우정IT 홍보와 함께 회원국 대표들과의 협력 관계를 더욱 공고히 하였다.

④ APPU의 집행이사회(Executive Council)는 원칙적으로 매년 1회 개최하며, 총회의 결정에 따라 부여받은 임무를 수행하고 연합의 연차 예산 검토·승인한다.

해설

제9차 총회는 2005년에 한국의 서울에서, 제10차 총회는 2009년에 뉴질랜드의 오클랜드에서, 제11차 총회는 2013년에 인도의 뉴델리에서 개최되었다. 우리나라는 제9차 APPU 총회를 개최하여 2006년부터 2009년까지 집행이사회 의장국으로 활동했다.

답 ②

더 알아보기 ✛

아시아 · 태평양우정대학(APPC; Asian-Pacific Postal College)
• 아 · 태지역의 우편업무 개선 · 발전을 위한 우정직원 훈련을 목적으로 1970년 9월 10일에 4개국(우리나라, 태국, 필리핀, 대만)이 유엔개발계획(UNDP)의 지원을 받아 창설한 지역훈련센터로, 태국 방콕에 소재
  ※ 설립 당시 명칭: 아 · 태우정연수소(APPTC; Asian-Pacific Postal Training Center)
• 우리나라는 연수소의 창설국인 동시에 관리이사국(GB)으로서 초대 교수부장을 비롯한 교수요원과 자문관을 파견했으며, 교과과목으로는 우편관리자과정(PMC)을 비롯하여 20여 과목. 1971년부터 매년 연수생 약 15명을 파견

03 다음 중 국제우편물의 종류에 대한 내용으로 옳지 <u>않은</u> 것은?

① 국제소포는 모두 기록 취급하는 우편물로 발송 수단에 따라 항공소포와 선편소포로 구분한다.
② 국제통상우편물은 각 국가의 우정당국이 자유롭게 선택하여 발송우편물의 종류 및 취급 방법을 적용한다.
③ 우선취급우편물은 우선적 취급을 받으며 최선편으로 운송되는 우편물로, 무게한계는 2kg이다.
④ 우리나라는 우편물의 취급속도에 따라 국제통상우편물을 구분한다.

해설

우리나라는 우편물의 내용물을 근거로 하여 구분한다.
• 서장(Letters), 소형포장물(Small packet): 무게한계 2kg
• 인쇄물(Printed papers): 무게한계 5kg
• 시각장애인용 우편물(Items for the blind): 무게한계 7kg
• 우편자루 배달인쇄물(M-bag): 10~30kg
• 기타: 항공서간(Aerogramme), 우편엽서(Postcard)

답 ④

04 국제특급우편물(EMS)에서 서류와 비서류에 대한 내용으로 옳지 <u>않은</u> 것은?

① 서류는 세관검사가 필요 없는 서류 등을 발송할 때 이용한다.
② 서류는 번호가 주로 EE로 시작하는 운송장을 이용한다.
③ 비서류는 서류 이외의 우편물을 발송할 때 이용한다.
④ 비서류는 일반적으로 번호가 EC로 시작하는 운송장을 사용한다.

> **해설** 비서류는 일반적으로 번호가 EM 또는 ES로 시작하는 주소기표지(운송장)를 사용한다.
>
> **국제특급우편물(EMS)**
>
> | | |
> |---|---|
> | 서류 | 서류 등을 발송할 때 이용하며, 번호가 주로 EE로 시작하는 주소기표지(운송장)를 이용(서류기준: 종이로 된 문서 형식의 편지류, 계약서, 입학서류, 서류와 함께 보내는 팸플릿 등 홍보용 첨부물. 다만, 서적, CD, 달력 등은 비서류 취급) |
> | 비서류 | 서류 이외의 우편물을 발송할 때 이용하며, 일반적으로 번호가 EM, ES 등으로 시작하는 주소기표지(운송장)를 사용
※ 사전통관정보 제공, 실제중량과 부피중량 비교적용 |
>
> 정답 ④

05 다음 중 만국우편연합(UPU)의 임무에 대한 설명으로 가장 옳지 <u>않은</u> 것은?

① 우편업무분야에 있어서 국제적인 기준을 마련하는 역할을 한다.
② 이해관계자들 간의 협력과 상호작용을 보장한다.
③ 상호 연결된 단일 우편 영역에서 우편물의 자유로운 교환을 보장한다.
④ 고객의 변화하는 요구에 대한 충족을 보장한다.

> **해설** **만국우편연합(UPU)의 임무**
> 전 세계 사람들 사이의 통신을 증진하기 위하여 다음과 같이 효율적이고 편리한 보편적 우편서비스의 지속적인 발전을 촉진한다.
> • 상호 연결된 단일 우편 영역에서 우편물의 자유로운 교환을 보장
> • 공정하고 공통된 표준을 채택하고, 기술 이용을 촉진
> • 이해관계자들 간의 협력과 상호작용의 보장
> • 효과적인 기술협력 증진
> • 고객의 변화하는 요구에 대한 충족을 보장
>
> 정답 ①

06 국제특급우편(EMS)에 대한 내용으로 옳지 **않은** 것은?

① 부가취급으로는 배달증명과 보험취급 두 가지가 있다.
② 접수관서는 전국 모든 우체국 및 우편취급국이다.
③ 등기와 항공을 기본으로 한다.
④ 종류에는 수시국제특급우편과 계약국제특급우편이 있다.

> **해설** 부가취급으로는 배달통지와 보험취급, 배달보장서비스(카할라 우정연합 국가에 한함)가 있다.
>
> 답 ①

 07 우편자루 배달인쇄물의 중량한계로 옳은 것은?

① 10kg 이상 30kg 이하
② 10kg 이상 50kg 이하
③ 20kg 이상 30kg 이하
④ 30kg 이상 80kg 이하

> **해설** 우편자루 제한중량은 10~30kg(kg 단위로 계산)으로, 우편자루 내 각 우편물의 중량은 2kg을 초과할 수 없다.
>
> 답 ①

 08 우리나라의 UPU 활동에 대한 설명으로 옳지 **않은** 것은?

① 1922년 일본이 '조선(Choseon)'으로 개칭하였으나 1949년 '대한민국(Republic of Korea)' 국호로 회원국 자격을 회복하였다.
② 1879년 제5차 워싱턴 총회에 참석하여 가입신청서를 제출함으로써 정식가입이 이루어졌다.
③ 북한은 1974년 로잔느 총회에서 가입하였다.
④ 우리나라는 1994년 제21차 UPU 총회를 서울에서 성공리에 개최하였으며, 이후 2016년 관리이사회 이사국으로 선출되어 활동하였다.

> **해설** 우리나라는 1897년 제5차 워싱턴 총회에 참석하여 가입신청서를 제출하였으며 1900년 1월 1일 '대한제국(Empire of Korea)' 국호로 정식 가입하였다.
>
> 답 ②

09 다음 중 만국우편연합의 상설 기관으로만 짝 지어진 것은?

> 총회, 관리이사회, 우편운영이사회, 국제사무국

① 총회
② 총회, 우편운영이사회
③ 관리이사회, 국제사무국
④ 관리이사회, 우편운영이사회, 국제사무국

 만국우편연합의 상설 기관은 관리이사회, 우편운영이사회, 국제사무국이 해당된다.

답 ④

더 알아보기➕

연합의 상설 기관
- 관리이사회(Council of Administration; CA): 우편에 관한 정부정책 및 감사 등과 관련된 사안을 담당
- 우편운영이사회(Postal Operations Council; POC): 우편업무에 관한 운영적, 상업적, 기술적, 경제적 사안을 담당
- 국제사무국(International Bureau; IB): 연합업무의 수행, 지원, 연락, 통보 및 협의기관으로 기능

10 다음에서 설명하는 것은 무엇인가?

> 세계 어느 지역이나 단일 요금으로 보낼 수 있는 국제우편 특유의 우편물 종류로서 편지지와 봉투를 겸한 직사각형의 봉함엽서 형태를 가진다.

① 서장   ② 우편엽서
③ 항공서간   ④ 인쇄물

 항공서간(Aerogramme)
세계 어느 지역이나 단일 요금으로 보낼 수 있는 국제우편 특유의 우편물 종류로서 봉함엽서 형태를 가지며 간편하고 저렴하다.

답 ③

11 시각장애인용 우편물에 대한 설명으로 옳지 <u>않은</u> 것은?

① 검은색 바탕에 검정색과 흰색으로 된 상징표지를 부착해야 한다.

② 우표, 요금인영증지 및 금전적 가치를 나타내는 어떠한 증서도 포함할 수 없다.

③ 항공부가요금을 제외한 모든 요금은 면제된다.

④ 우편물 표면에 "Items for the blind"라고 표시한다.

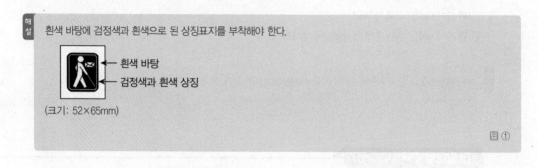

해설 흰색 바탕에 검정색과 흰색으로 된 상징표지를 부착해야 한다.

— 흰색 바탕

— 검정색과 흰색 상징

(크기: 52×65mm)

답 ①

12 국제우편물을 운송편에 따라 구분할 때 그 구분으로 옳은 것은?

① 항공우편물, 선편우편물

② 우선취급(Priority)우편물, 항공우편물

③ 비우선취급(Non-priority)우편물, 철도우편물

④ 선편우편물, 철도우편물

해설 국제우편물의 운송편에 따른 구분: 항공우편물, 선편우편물

답 ①

13 서장에 관한 요건으로 적절하지 <u>않은</u> 것은?

① 서장은 규격 우편물과 우편물의 포장에 관련된 규정을 따름
② 봉투에 넣은 우편물은 취급 중 어려움이 없도록 직사각형 형태일 것
③ 우편엽서와 모양은 다르지만 지질이 같은 우편물은 모양에 맞는 봉투를 사용
④ 물량이나 포장 상태를 보아 할인 요금을 미리 낸 우편물과 혼동할 수 있는 우편물인 경우에는 우편물의 주소 면에 서장임을 표시하는 'Letter'라는 단어를 추가

 우편엽서와 모양은 다르지만 지질이 같은 우편물도 직사각형 봉투에 넣어야 함

目 ③

14 K-Packet에 대한 설명으로 옳지 <u>않은</u> 것은?

① 「국제우편규정」 제3조, 제9조에 따라 과학기술정보통신부장관이 고시한 전자상거래용 국제우편서비스이다.
② 우체국과 계약하여 이용하며 최소 계약물량은 100통이다.
③ 2kg 이하 소형물품을 인터넷우체국이 제공하는 API 시스템을 통해 온라인으로 접수한다.
④ 손해배상은 발송우정당국 책임이며, 처리절차는 기존 국제등기우편과 동일하다. 단, 종추적 배달 결과가 없는 경우에 한하여 행방조사 청구가 가능하다.

 우체국과 계약하여 이용하며 최소 계약물량에 대한 제한은 없다.

K-Packet의 특징
• EMS와 같은 경쟁서비스이며 고객맞춤형 국제우편 서비스로서 평균 송달기간은 7~10일
• 우체국과 계약하여 이용하며, 인터넷우체국이나 인터넷우체국이 제공하는 API 시스템을 통해 온라인으로 접수
 – 우체국과 계약 시 최소 발송물량에 대한 제한 없음
 – API(Application Program Interface) 시스템: 이용자의 정보시스템과 인터넷우체국 사업자포털시스템 간 우편번호, 종추적 정보, 접수정보 등을 교환할 수 있도록 제공하는 IT서비스
 – 온라인으로 판매되는 소형물품(2kg 이하)의 해외배송에 적합한 서비스로 'L'로 시작하는 우편물번호를 사용하며, 1회 배달 성공률 향상을 위해 해외 우정당국과 제휴하여 수취인 서명 없이 배달하기로 약정한 국제우편서비스
 – K-Packet 제휴(서비스) 국가는 우정사업본부장이 고시로 정함
• 월 이용금액에 따라 이용 요금 감액
• 지방우정청, 총괄우체국 및 6급 이하 우체국(별정국 포함)에서 계약 가능하며 우편취급국은 총괄우체국이 접수국으로 지정한 경우 가능
• 무료 방문접수서비스 제공 및 전국의 모든 우체국에서 접수 가능
 – 월 발송물량이 50통 미만 및 6급 이하 우체국은 방문접수를 제공하지 않음
 – 계약관서의 인력 · 차량 사정에 따라 방문접수 또는 별도의 접수장소를 상호 협의하여 결정
• 국내에서 K-Packet을 등기소형포장물보다 우선 취급

目 ②

15 다음 ㉠, ㉡, ㉢에 들어갈 내용으로 적절한 것은?

> • 우편자루 배달인쇄물(M-bag)은 인쇄물을 넣은 우편자루 하나를 하나의 우편물로 취급하는 것이며 제한무게는 (㉠) 이상 (㉡)까지
> • 전쟁 포로 및 민간인 피억류자 소포는 무게 (㉢)까지 우편 요금이 면제되지만, 내용물을 분할할 수 없는 소포, 포로에게 분배하기 위하여 수용소나 포로 대표자에게 발송되는 소포는 10kg까지 발송 가능

	㉠	㉡	㉢
①	10kg	20kg	5kg
②	20kg	30kg	3kg
③	10kg	30kg	5kg
④	20kg	40kg	3kg

 해설

• 우편자루 배달인쇄물(M-bag)은 인쇄물을 넣은 우편자루 하나를 하나의 우편물로 취급하는 것이며 제한무게는 (10kg) 이상 (30kg)까지
• 전쟁 포로 및 민간인 피억류자 소포는 무게 (5kg)까지 우편 요금이 면제되지만, 내용물을 분할할 수 없는 소포, 포로에게 분배하기 위하여 수용소나 포로 대표자에게 발송되는 소포는 10kg까지 발송 가능

답 ③

16 아시아·태평양우편연합(APPU)에 대한 내용으로 옳지 <u>않은</u> 것은?

① 총회는 회원국의 전권 대표로 구성되어 매년 1회 개최되고, 집행이사회는 4년마다 개최된다.
② 한국과 필리핀이 공동 제의하여 우리나라, 태국, 대만, 필리핀의 4개국이 협약에 서명함으로써 창설회원국이 되었다.
③ 아시아·태평양우정대학과 사무국은 태국의 방콕에 소재하고 있다.
④ 설립 목적은 지역 내 각 회원국 간의 우편관계를 확장, 촉진 및 개선하고 우편업무분야에 있어서 국제협력을 증진하는 데 있다.

 해설

총회는 회원국의 전권 대표로 구성되어 4년마다 개최되고, 집행이사회는 매년 1회 개최된다.

답 ①

APPU의 기관

- 총회(Congress): 연합의 최고기관이며 비상설기구인 총회(4년마다 개최)는 회원국의 전권대표로 구성, APPU 헌장 및 총칙의 수정 등 공동 관심사 토의를 위해 소집한다.
- 집행이사회(Executive Council): 총회와 총회 사이에 연합 업무의 계속성을 유지하기 위하여 원칙적으로 매년 1회 개최된다.
- 아시아·태평양우정대학(APPC; Asian-Pacific Postal College): 아·태 지역의 우편업무 개선 발전을 위한 우정 직원 훈련 목적으로 1970년 4개국(우리나라, 태국, 필리핀, 대만)이 창설한 APPU 산하의 지역훈련센터로 태국 방콕에 소재하고 있다.
- 사무국(Bureau): 집행이사회의 감독 하에 회원국을 위한 연락, 통보 및 문의에 대하여 중간 역할을 담당하며 태국의 방콕에 소재하고 있다.

17 다음 중 국제통상우편물에 대한 내용으로 옳지 <u>않은</u> 것은?

① 소설원고 또는 필사한 악보는 인쇄물로 취급할 수 있다.
② 소형포장물은 발송절차가 소포에 비해 복잡하다.
③ 우편엽서는 직사각형이어야 한다.
④ 항공서간은 세계 모든 지역에서 공통된 단일요금이 적용된다.

소형포장물은 발송절차가 소포에 비해 간단하다. 내용품의 가격이 300SDR 이하일 경우에는 세관표지(CN22)를, 300SDR이 초과될 경우에는 세관신고서(CN23)를 첨부하면 된다.

답 ②

18 국제특급우편(EMS)에 대한 설명으로 옳지 <u>않은</u> 것은?

① 행방조사 결과 우체국의 잘못으로 송달예정기간보다 72시간 이상 늦어진 것으로 판정된 경우 납부한 우편 요금을 환불한다.
② 외국에서 국내 배달우체국에 도착한 국제특급우편물은 국내당일특급우편물의 예에 따라 배달한다.
③ 항공편 사정, 천재지변, 상대국 통관, 배달 상황 등에 따라 배달(취급) 중지되는 경우가 있으므로 접수할 때 취급 가능한 국가를 반드시 국제우편물 발송조건(포스트넷 또는 인터넷우체국)에서 확인해야 한다.
④ 각 접수우체국마다 그날 업무마감시간이 제한되어 있어, 마감시간 이후 분은 다음 날 국외 발송 승인 후 접수한다.

- 행방조사 결과 우체국의 잘못으로 송달예정기간보다 48시간 이상 늦어진 것으로 판정된 경우 납부한 우편 요금 환불(다만, 배달을 시도했으나 수취인이 부재한 경우와 공휴일 및 통관 소요일은 송달예정기간에서 제외)
- 단, EMS 배달보장서비스 적용 우편물의 경우, 송달예정일보다 늦어진 경우 우편요금 반환(세관계류 등은 기간에서 제외)

답 ①

19 다음 중 한 · 중 해상특송서비스에 대한 설명으로 옳지 <u>않은</u> 것은?

① EMS와 같은 경쟁서비스이며 전자상거래 전용 국제우편 서비스이다.
② 온라인으로 판매되는 물품의 중국배송에 적합하다.
③ e-Shipping을 이용하는 고객에 한하여 이용 가능하다.
④ 별정국, 우편취급국을 포함하여 모든 우체국에서 이용계약 가능하다.

지방우정청, 총괄우체국에서 이용계약 가능하며 6급 이하 우체국(별정국, 우편취급국 포함)은 총괄우체국장의 승인을 받은 경우에 한한다.

답 ④

20 다음 중 국제우편물의 내용물에 따른 구분 중 우리나라 A/O가 <u>아닌</u> 것은?

① 시각장애인용 우편물
② 우편자루 배달인쇄물
③ 우편엽서
④ 인쇄물

국제우편물의 내용물에 따른 구분
- L/C: 서장(Letters), 우편엽서(Postcard), 항공서간(Aerogramme)
- A/O: 인쇄물(Printed papers), 소형포장물(Small packet), 시각장애인용 우편물(Items for the blind), 우편자루 배달인쇄물(M-bag)

답 ③

21 다음 중 국제특급우편(EMS)으로 보낼 수 없는 물품으로만 묶인 것은?

① 송금환, 마그네틱 테이프, 상품견본
② 동전 및 화폐, 가공하지 않은 금, 송금환
③ 업무용 서류, 컴퓨터 데이터, 유가증권류
④ 마이크로 필름, 가공한 은, 마약류

22 카할라 우정연합에 대한 설명으로 옳은 것은?

① 아시아 · 태평양 연안 지역 내 5개 우정당국(한국, 미국, 일본, 중국, 호주)이 결성하였다.
② 2002년에 결성하여 회원국을 확대하고 있고, 사무국은 미국에 소재하고 있다.
③ 국제특송시장에서의 주도권 확보 및 국제특급우편(EMS) 경쟁력 향상을 목적으로 하고 있다.
④ 카할라(Kahala)는 최초 회의가 개최된 중국 내 지명(地名)이다.

23 국제우편물 취급우체국에 대한 설명으로 옳지 <u>않은</u> 것은?

① 교환국은 국제우편물을 직접 외국으로 발송하고, 외국에서 오는 우편물을 받는 업무를 수행하는, 즉 교환업무를 취급하는 우체국이다.

② 통관국은 세관 공무원이 주재하거나 파견되어 국제우편물의 수출입에 관한 세관검사를 실시하는 우체국이다.

③ 통상국은 국제우편물의 접수와 배달 업무를 수행하는 일반우체국이다.

④ 국제우편물류센터와 인천해상교환우체국은 통관국과 통상국의 업무를 겸하고 있으며, 부산국제우체국은 통관국의 업무를 수행하고 있다.

> 해설 국제우편물류센터와 부산국제우체국은 통관국과 통상국의 업무를 겸하고 있으며, 인천해상교환우체국은 통관국의 업무를 수행하고 있다.
>
> 답 ④

24 다음 중 계약국제특급우편(Contracted EMS)에 대한 설명으로 옳은 것은 모두 몇 개인가?

> ⊙ 국제특급우편물을 발송하는 사람이 우체국과 미리 계약을 하고 그 계약에 따라 우체국에서 우편물을 수집(접수)·발송
>
> ⓒ 월 30만 원을 초과하여 EMS를 발송하는 고객이 계약을 맺을 수 있으며, 월간 이용 금액에 따라 4%에서 최대 15%까지 할인
>
> ⓒ 이용자가 정기발송 계약을 체결하지 아니하고 발송물량이 있을 때마다 수시로 발송(대부분의 창구접수 일반고객을 말함)
>
> ⓔ 1회에 30만 원을 초과하여 EMS를 발송하는 이용자에 대하여 50만 원까지는 3%, 50만 원을 초과하는 금액에 대하여는 계약국제특급우편 감액률을 적용하여 할인

① 1개   ② 2개
③ 3개   ④ 4개

> 해설 계약국제특급우편에 대한 설명으로 옳은 것은 ⊙으로 총 1개이다.
>
> ⊙ (○) 국제특급우편물을 발송하는 사람이 우체국과 미리 계약을 하고 그 계약에 따라 우체국에서 우편물을 수집(접수)·발송
>
> ⓒ (×) 월 50만 원을 초과하여 EMS를 발송하는 고객이 계약을 맺을 수 있으며, 월간 이용 금액에 따라 4%에서 최대 18%까지 할인
>
> ⓒ (×) 수시국제특급우편(On demand, EMS)에 대한 설명이다.
>
> ⓔ (×) 수시국제특급우편(On demand, EMS)에 대한 설명이다.
>
> 답 ①

| STEP2 | 국제우편물 종별 접수요령

01 다음 중 우편자루 배달인쇄물(M-bag)의 접수에 대한 내용으로 옳지 <u>않은</u> 것은?

① 내용품 가격이 300SDR 이하인 경우에는 세관표지를 작성하여 붙이고 내용품의 가격이 300SDR을 초과할 때에는 세관신고서를 작성하여 붙인다.
② 접수할 때 하나의 통상우편물로 취급한다.
③ 주소기재용 꼬리표는 90mm×140mm의 두꺼운 종이 등(두 개의 구멍이 있어야 함)으로 2장을 작성하여, 1장은 우편물에 붙이고 1장은 우편자루 목에 묶고 봉인한다.
④ 우편요금과는 별도로 통관절차대행수수료 2,500원을 징수한다.

우편요금과는 별도로 통관절차대행수수료 4,000원을 징수한다.

답 ④

02 국제소포우편물 운송장의 작성 및 첨부에 대한 내용으로 옳은 것은?

① 운송장의 제2면은 발송인에게 교부하고, 제3면은 접수우체국에게 교부한다.
② 국제소포우편물 운송장에는 도착국가에서 필요한 서식(송장, 세관신고서)을 별도 작성하여 첨부해야 한다.
③ 발송인이 작성 제출한 운송장에는 우편물의 총 중량과 요금, 접수우체국명, 접수일자 등을 접수담당자가 명확하게 기재하여야 한다.
④ 반송이나 전송의 경우에는 반드시 항공편으로 보내고, 운송장에는 O 표시한다.

① 주소기표지의 제2면은 접수우체국에서 접수원부로 보관하고, 제3면은 발송인에게 교부한다.
② 국제소포우편물 운송장에는 도착국가에서 필요한 서식(송장, 세관신고서)이 포함되어 있으므로 이러한 서식을 별도 작성하여 첨부할 필요가 없다. 다만, 발송인이 필요하다고 인정하는 경우에는 우리나라와 도착국가에서의 통관 수속에 필요한 모든 서류(상업송장, 수출허가서, 수입허가서, 원산지증명서, 건강증명서 등)를 첨부할 수 있다.
④ 선편이나 항공편 중 하나를 택하여 × 표시한다.

답 ③

03 국제우편물 접수 시 유의사항으로 옳지 <u>않은</u> 것은?

① 국내우편물과 마찬가지로 우편물을 우체통에 넣거나 우체국에서 접수한다.
② EMS는 발송인의 요청에 따라 발송인을 방문하여 접수 가능하다.
③ 우편사무우편물, 요금별납, 요금후납, 요금계기별납에 따른 우편물은 날짜도장을 날인해야 한다.
④ 국제우편물의 소인, 그 밖의 업무취급에는 국제우편날짜도장을 사용한다.

> **해설** 우편사무우편물, 요금별납, 요금후납, 요금계기별납에 따른 우편물은 날짜도장을 날인하지 않는다.
>
> 답 ③

04 국제특급우편(EMS)의 접수에 대한 내용으로 옳지 <u>않은</u> 것은?

① 20만 원 이상의 물품일 경우 반드시 고객에게 보험 이용 여부를 문의한 후 이용할 때는 해당 칸에 표시한다.
② 보내는 사람의 주소 · 성명도 영문으로 기록한다.
③ EMS 운송장 기록 시 우편요금은 원화 가격을 아라비아 숫자로 기록한다.
④ 발송인은 운송장 기록 시 신속한 통관과 정확한 배달을 위하여 우편번호(Postal code)를 반드시 기록한다.

> **해설** 10만 원 이상의 물품일 경우 반드시 고객에게 보험 이용 여부를 문의한 후 이용할 때는 해당 칸에 표시(보험 가액은 원화로 기록)한다.
>
> 답 ①

05 국제소포우편물 중 보험소포의 접수에 대한 내용으로 옳지 <u>않은</u> 것은?

① 보험가액은 원화(KRW)로 표시한다.
② 소포우편물 가격의 일부만 보험가입이 가능하다.
③ 보험가액 작성 후 잘못된 부분이 있을 경우 한 번은 정정(수정)이 가능하다.
④ 보험소포우편물의 중량은 10g 단위로 표시한다.

보험가액은 원화(KRW)로 표시, 발송인이 운송장 해당란에 로마문자와 아라비아 숫자로 기록해야 하며 보험가액은 잘못 적은 경우 지우거나 수정하지 말고 운송장을 다시 작성하도록 발송인에게 요구한다. 보험가액은 어떠한 경우에도 고쳐 쓸 수 없다.

답 ③

06 국제우편물 접수 시 점검사항으로 옳지 <u>않은</u> 것은?

① 부가취급 요청이 있는 경우, 이를 상대 국가에서 허용하는지 확인해야 한다.
② 봉투의 일부분이 투명한 창문으로 된 것을 사용하는지 확인해야 한다.
③ 소형포장물은 통관에 회부하여야 한다.
④ 검사 결과 규정 위반이 발견되면 보완하여 제출하도록 요구하고, 이를 거부하면 접수를 거절한다.

 봉투 전부가 투명한 창문으로 된 것을 사용하고 있는지 확인해야 한다.

답 ②

07 보험취급에 대한 내용으로 옳지 <u>않은</u> 것은?

① 분실·훼손되거나 도난당한 경우 보험가액의 범위 내에서 실제로 발생된 손해액을 배상하는 제도이다.
② 발송가능 국가는 접수 시 확인한다.
③ 최고한도액은 5,000SDR이다.
④ 내용품의 일부가치만을 보험 취급하는 것도 가능하다.

건당 최고한도액은 4,000SDR(7,000,000원)이다.

답 ③

08 다음에 해당하는 특수취급우편물은?

> 우편물에 접수번호를 부여하고 접수한 때로부터 배달되기까지의 취급과정을 그 번호에 따라 기록하여 우편물 취급과 송달의 확실성을 보장하기 위한 제도

① 배달통지   ② 등기

③ 항공   ④ 국제속달

> **해설**
>
> 등기는 우편물 취급 및 송달의 확실성을 보장하기 위한 제도로서, 망실 · 도난 · 파손의 경우에는 손해배상을 해주는 제도이다.
>
> 답 ②

더 알아보기 ⊕

등기(Registered)

- 모든 통상우편물은 등기로 발송 가능하다.
- 도착국의 국내법이 허용하는 경우 봉함된 등기서장에 각종 지참인불 유가증권, 여행자수표, 백금, 금, 은, 가공 또는 비가공의 보석 및 기타 귀중품을 넣을 수 있다(국내 관련법규에서 허용하는 범위 내에서만 취급).
- 접수우체국에서는 국제등기번호표 CN04를 우편물 앞면의 적절한 위치에 부착한다.

09 국제소포우편물 운송장의 작성과 첨부에 대한 설명 중 옳지 않은 것은?

① 국제소포우편물 운송장은 5연식으로 되어 있으며, 별도의 복사지 없이도 제1면의 기록 내용이 제5면까지 복사된다.

② 운송장의 제4면은 세관신고서이다.

③ 국제소포우편물 운송장에는 도착국가에서 필요한 서식(송장 · 세관신고서)이 포함되어 있으므로 별도 작성할 필요 없다. 다만, 발송인이 필요하다고 인정하는 경우, 우리나라와 도착국가에서의 통관수속에 필요한 모든 서류를 첨부 가능하다.

④ 소포우편물이 배달 불능일 경우에 발송인에게 즉시 반송하고, 반송이 불가능할 경우 포기함을 표시하여야 한다.

10 다음 중 통관에 회부하여야 할 통상우편물로 적절하지 <u>않은</u> 것은?

① 소형포장물
② 세관표지 및 세관신고서가 붙어있는 통상우편물
③ 세관장이 특히 통관검사에 부칠 필요가 있다고 인정하는 그 밖의 통상우편물
④ 시각장애인용 우편물

11 다음 중 국제특급우편물(EMS)의 특성으로 옳지 <u>않은</u> 것은?

① 운송장 작성 시 중량은 10g 단위로 기재한다.
② EMS 프리미엄 서비스는 민간 국제특송사와 제휴하여 서비스를 제공하는 형태이다.
③ 국제특급우편물의 보험취급한도액은 4,000SDR이다.
④ 우편취급국을 제외한 모든 우체국에서 접수가 가능하다.

12 K-Packet 접수에 대한 설명 중 옳지 <u>않은</u> 것은?

① 계약관서의 장은 방문접수할지 별도의 장소에서 접수할지를 협의하여 결정하고 이를 계약 사항에 표시할 수 있다.

② 운송장을 작성할 때에는 반드시 규격 및 무게를 정확히 기재하고, 표시한 무게와 실제 우편물 무게가 다를 경우 즉시 이용 고객에게 알린다.

③ 2개 이상의 포장물품을 테이프, 끈 등으로 묶어 하나로 발송할 수 없다.

④ K-Packet을 발송할 경우 인터넷 접수시스템으로 발송인과 수취인의 주소, 내용품명, 내용품 가액 등 필수 입력사항을 한글과 영문으로 입력한다.

> 해설
> 라벨표지 작성 시, K-Packet을 발송할 경우 인터넷 접수시스템으로 발송인과 수취인의 주소, 내용품명, 내용품 가액 등 필수 입력사항을 영문으로 입력한다.
>
> 답 ④

13 국제우편의 특수취급에 대한 내용으로 옳지 <u>않은</u> 것은?

① 종류에는 등기, 배달통지, 보험취급이 있다.

② 우리나라 법규에서 허용하지 않더라도 도착국의 국내법이 허용하는 한 봉함된 등기서장 안에 귀중품을 넣어 발송할 수 있다.

③ 보험가액은 4,000SDR을 최고한도로 하며, 내용품의 일부만을 보험취급할 수도 있다.

④ 배달통지 취급은 모든 우편물(통상우편물, 소포우편물, 특급우편물)에 가능하다.

> 해설
> 도착국의 국내법이 허용하는 한 봉함된 등기서장 안에 귀중품을 넣어 발송할 수 있지만, 이때에도 우리 국내 관련법규에서 허용하는 범위 내에서만 취급한다.
>
> 답 ②

14 특수취급우편물 중 다음 내용에 해당하는 것은?

> 우편물 접수 시 발송인의 청구에 따라 우편물을 수취인에게 배달하고 수취인에게서 수령 확인을 받아 발송인에게 통지하여 주는 제도이다.

① 등기(Registered)
② 배달통지(Advice of delivery)
③ 보험서장(Insured letters)
④ 항공

 해설
배달통지(Advice of delivery)
우편물 접수 시 발송인의 청구에 따라 우편물을 수취인에게 배달하고 수취인에게서 수령 확인을 받아 발송인에게 통지하여 주는 제도로, 배달통지(A.R.)는 국내우편의 배달증명과 유사하다.

답 ②

15 다음 중 국제특급우편물(EMS) 접수에 대한 내용으로 옳지 <u>않은</u> 것은?

① 유학서류 및 선하증권이 포함된 우편물은 EMS 접수가 불가능하다.
② EMS 프리미엄 접수 시 원칙적으로 사서함 발송이 불가능하다.
③ 국제특급우편물 접수 시 중량은 20g 단위로 기재한다.
④ 상대국의 보험취급 여부와 관계 없이 우리나라와 EMS를 교환하는 모든 나라로 발송하는 EMS에 대하여 보험취급이 가능하다.

 해설
국제특급우편물 접수 시 중량은 10g 단위로 기재한다.

답 ③

16 국제우편물의 특수취급과 국제특급우편물의 부가취급에 공통적으로 해당하지 <u>않는</u> 것은?

① 배달통지
② 보험취급
③ 등기
④ 해상특송서비스

• 국제우편물의 특수취급: 등기, 배달통지, 보험취급
• 국제특급우편(EMS)의 부가취급: 항공 및 등기를 기본으로 하고, 배달통지 · 보험취급 · 배달보장서비스(카할라 우정연합 국가에 한함) 등의 부가취급을 할 수 있다.

답 ④

17 국제보험소포우편물 운송장의 작성 및 첨부에 대한 내용으로 옳지 <u>않은</u> 것은?

① 보험가액은 원화(KRW)로 표시하여야 하며 발송인이 운송장 해당란에 로마문자와 아라비아 숫자로 기재한다.

② 소포우편물 내용물의 실제가격보다 낮은 가액을 보험가액으로 할 수 없으며 이러한 경우 사기보험으로 간주한다.

③ 보험소포우편물의 중량은 10g 단위로 표시하며, 10g 미만의 단수는 10g으로 절상한다.

④ 보험가액은 잘못 기재하였다 하더라도 지우거나 정정할 수 없다.

 소포우편물 내용물의 실제가격보다 높은 가액을 보험가액으로 할 수 없으며 이러한 경우 사기보험으로 간주한다.

답 ②

18 특수취급우편물에 대한 설명으로 옳은 것은?

① 모든 통상우편물은 등기로 발송될 수 있으며 등기우편물을 발송하는 사람은 일반우편요금 이외에 등기취급수수료를 납부해야 한다.

② 배달통지는 특급우편물을 제외한 모든 우편물을 취급대상으로 한다.

③ 보험가액의 최고한도는 5,000SDR이다.

④ 보험취급하여 발송할 수 있는 물건에는 귀금속, 수표, 고급시계, 도자기 등이 있다.

 ② 배달통지는 모든 우편물(통상우편물, 소포우편물, 특급우편물)을 취급대상으로 한다.
③ 보험가액의 최고한도는 4,000SDR(7백만 원)까지이나, 상대국에서 취급하는 최고한도액이 그 이하인 경우에는 상대국의 취급한도액 범위에서 취급한다.
④ 도자기나 유리컵 등 파손되기 쉬운 물품은 보험취급하여 발송할 수 없다.

답 ①

01 국제우편요금 수취인부담(International Business Reply Service; IBRS)에 대한 설명으로 옳지 <u>않은</u> 것은?

① 모든 우체국에서 취급 가능하다.
② 인쇄물(봉투)은 1,100원, 엽서는 500원이다.
③ IBRS 우편물에는 날짜도장을 날인하지 않는다.
④ 외국에서 도착된 IBRS 우편물은 국내우편요금 수취인부담 우편물의 배달 예에 준해 배달하고 요금을 징수한다.

해설 집배우체국에 한하여 취급한다.

답 ①

02 다음 중 국제우편요금의 결정 및 요금체계에 대한 내용으로 옳지 <u>않은</u> 것은?

① 우편물 종별에 따라 통상우편물요금, 소포우편물요금, 국제특급우편요금, K-Packet요금, 한중해 상특송 요금 등으로 구분하며, 부가취급에 따른 부가취급수수료가 있다.
② 국제우편요금이 결정되면 고시한다.
③ 만국우편협약에서 정한 범위 안에서 우체국장이 결정한다.
④ 운송편별에 따라 선편요금과 항공요금으로 구분한다.

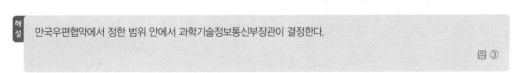

해설 만국우편협약에서 정한 범위 안에서 과학기술정보통신부장관이 결정한다.

답 ③

03 국제우편요금의 별납에 대한 내용으로 옳지 <u>않은</u> 것은?

① 발송인이 표시를 하지 아니한 경우에는 우체국에서 요금별납인을 날인한다.

② 발송 기준 통상우편물 10통 이상을 취급요건으로 한다.

③ 우편취급국을 포함한 모든 우체국에서 취급한다.

④ 한 사람이 한 번에 같은 우편물(동일무게)을 보낼 때에 우편물 외부에 요금별납 표시를 하여 발송하고 우편요금은 별도로 즉납하는 제도이다.

> 해설 우편취급국을 제외한 모든 우체국에서 취급한다.
>
> 답 ③

04 다음 중 국제회신우표권의 교환 등에 대한 설명으로 옳은 것은?

① 국제회신우표권은 한 사람이 하루에 20매를 초과하여 구입을 요구할 경우 별도의 신청서가 필요하다.

② 판매할 때는 국제회신우표권의 오른쪽 해당란에 우편날짜도장을 날인한다.

③ 외국에서 판매한 국제회신우표권은 우리나라에서 외국으로 발송되는 항공보통서장의 4지역 10g 요금에 해당하는 우표류와 교환한다.

④ 우리나라에서 판매된 국제회신우표권은 우리나라에서 교환할 수 있다.

> 해설 ② 판매할 때는 국제회신우표권의 왼쪽 해당란에 우편날짜도장을 날인하고, 교환할 때에는 국제회신우표권의 오른쪽 해당란에 날인한다.
> ③ 외국에서 판매한 국제회신우표권은 우리나라에서 외국으로 발송되는 항공보통서장의 4지역 20g 요금에 해당하는 우표류와 교환한다.
> ④ 우리나라에서 판매된 국제회신우표권은 우리나라에서 교환할 수 없다.
>
> 답 ①

|STEP4 | 주요 부가서비스 및 제도

01 서울에서 호주로 EMS 배달보장 서비스를 이용하여 5월 10일 접수했다면 배달보장일은 언제인가?

① 5월 12일

② 5월 13일

③ 5월 15일

④ 5월 20일

 서울에서 접수하여 호주로 보낼 경우에는 접수한 날로부터 +3일 이내에 배달이 보장된다.

답 ②

> ### 더 알아보기⊕
>
> **EMS 배달보장 서비스의 배달기한**
> - 아시아지역: 접수+2일 이내 배달보장
> - 캐나다, 미국, 호주, 유럽: 접수+3일 이내 배달보장

02 수출우편물 발송확인 서비스에 대한 설명으로 옳지 <u>않은</u> 것은?

① 수출신고필증상 1건당 1건의 우편물 발송을 원칙으로 하며 분할하여 발송할 수 있다.

② 선적완료 처리된 이후에는 우편발송확인서는 정정할 수 없다.

③ 수출우편물 발송확인 서비스는 별정우체국 및 우편취급국을 제외한 전국우체국에서 취급한다.

④ 발송인이 사전에 세관에 수출신고를 하여 수리된 물품이 들어 있는 우편물을 대상으로 한다.

 수출우편물 발송확인 서비스는 별정우체국 및 우편취급국을 포함한 전국우체국에서 취급한다.

답 ③

03 다음 중 계약 국제특급우편 이용 금액이 3,000만 원일 경우 감액률은 얼마인가?

① 8%

② 12%

③ 14%

④ 18%

계약 국제특급우편의 감액요건 및 감액범위

(단위: 1개월, 만 원)

이용 금액	50 초과 ~150	150 초과 ~500	500 초과 ~1,000	1,000 초과 ~2,000	2,000 초과 ~5,000	5,000 초과 ~10,000	10,000 초과 ~20,000	20,000 초과
감액률	4%	6%	8%	10%	12%	14%	16%	18%

※ 단, 18% 이상 감액률은 해당 지방우정청 승인 후 적용

※ 감액할 때 기준금액은 고시된 요금(EMS 프리미엄은 요금표) 기준이며, 수수료는 제외

정답 ②

04 국제특급우편(EMS) 요금의 주요 특별 감액에 대한 내용으로 가장 옳은 것은?

① 계약기간이 1년을 초과하고 직전 계약기간 이용 금액이 100백만 원 이상인 경우, 2%p 추가 감액한다.

② 장기이용 계약고객 감액조건의 금액은 고시된 요금(EMS 프리미엄은 요금표) 기준이며, 일괄계약 고객 및 환적프로세스 이용고객은 제외된다.

③ 인터넷 접수시스템(e-Shipping)을 통해 접수한 경우, 3%p 추가 감액한다.

④ 전자상거래 플랫폼(쇼핑몰 등)을 통해 고객의 주문을 받은 상품을 발송하는 업체의 경우, 1%p 추가 감액(요금감액에 추가 적용)한다.

 ① 계약기간이 3년을 초과하고 직전 계약기간 이용 금액이 100백만 원 이상인 경우, 2%p 추가 감액(요금감액에 추가 적용)한다.

③ 인터넷 접수시스템(e-Shipping)을 통해 접수한 경우, 5%p 추가 감액한다.

④ 전자상거래 플랫폼(쇼핑몰 등)을 통해 고객의 주문을 받은 상품을 발송하는 업체의 경우, 3%p 추가 감액(요금감액에 추가 적용)한다.

정답 ②

05 수출우편물 발송확인 서비스에 대한 설명으로 옳지 <u>않은</u> 것은?

① 외국으로 발송하는 국제우편물 중 수출신고 대상 물품이 들어 있는 경우 우체국에서 해당우편물의 발송 사실을 세관에 확인하여 주는 서비스

② 발송인이 사전에 세관에 수출신고를 하여 수리된 물품이 들어 있는 우편물 대상

③ 수리일로부터 15일 내에 선(기)적하여야 하며, 기일 내 선(기)적하지 아니한 경우에는 과태료 부과와 수출신고 수리가 취소됨

④ 사후증빙 또는 관세 환급 심사를 위하여 수출하고자 하는 물품을 세관에 수출 신고한 후 필요한 검사를 거쳐 수출 신고를 받아 물품을 외국무역선에 적재하기까지의 절차

> **해설** 수출우편물 발송확인 서비스
> • 외국으로 발송하는 국제우편물 중 수출신고 대상 물품이 들어 있는 경우 우체국에서 해당우편물의 발송 사실을 세관에 확인하여 주는 서비스
> • 절차: 사후증빙 또는 관세 환급 심사를 위하여 수출하고자 하는 물품을 세관에 수출 신고한 후 필요한 검사를 거쳐 수출 신고를 받아 물품을 외국무역선에 적재하기까지의 절차
> • 대상 우편물: 발송인이 사전에 세관에 수출신고를 하여 수리된 물품이 들어 있는 우편물로 수리일로부터 30일 내에 선(기)적하여야 하며, 기일 내 선(기)적하지 아니한 경우에는 과태료 부과와 수출신고 수리가 취소됨
>
> **답 ③**

06 국제특급우편(EMS) 요금 감액 제도에 대한 내용으로 옳지 <u>않은</u> 것은?

① 일괄계약 국제특급우편의 감액 시 기준금액은 EMS 프리미엄은 요금표 기준이며, 수수료를 포함한다.

② 수시 국제특급우편의 요금감액률은 30만 원 초과~50만 원까지는 3%, 50만 원 초과 시에는 계약국제특급우편 감액률을 적용한다.

③ 계약 국제특급우편은 EMS 우편물을 발송하는 이용자와 우편관서의 이용계약에 의해 운영된다.

④ 수시 국제특급우편은 별도의 이용계약을 맺지 않고 1회에 이용금액 30만 원을 초과하여 국제특급우편(EMS)을 발송하는 창구접수 이용자에게 요금 감액을 해준다.

> **해설** 일괄계약 국제특급우편의 감액요건 및 감액범위
>
> (단위: 1개월, 만 원)
>
> | 이용금액 | 50 초과 ~500 | 500 초과 ~1,000 | 1,000 초과 ~2,000 | 2,000 초과 ~5,000 | 5,000 초과 ~10,000 | 10,000 초과 ~20,000 | 20,000 초과 |
> |---|---|---|---|---|---|---|---|
> | 감액률 | 2% | 3% | 4% | 5% | 6% | 7% | 8% |
>
> ※ 감액할 때 기준금액은 고시된 요금(EMS 프리미엄은 요금표) 기준이며, 수수료는 제외
>
> **답 ①**

07 국제우편 스마트 접수로 인한 기대효과로 적절하지 <u>않은</u> 것은?

① 창구요원의 접수부담이 경감된다.
② 발송기록이 저자되어 DB 작업이 활성화된다.
③ 국제우편 이용고객의 정보를 획득하고 분석함으로써 전략상품마케팅 활성화에 기여한다.
④ 국제우편 접수채널이 단일화되어 이용고객의 편의가 증진된다.

 국제우편 스마트 접수의 기대효과
- 국제우편 접수채널 다양화를 통한 이용고객의 편의 증진 및 EMS, 등기소형포장물 등 전략상품 서비스 경쟁력 향상
- 주소기표지 조제비용 절감에 따른 경영 수지 기여
- 국제우편 이용고객의 정보 획득 및 분석으로 EMS, 등기소형포장물 등 전략상품마케팅 활성화에 기여
- 사전통관제도 기반 마련 및 수출업체 지원 강화로 기업고객 유치 확대
- 현업 창구요원의 접수부담 경감
- 발송기록이 저장됨에 따라 DB 작업의 활성화가 가능

답 ④

| STEP5 | EMS 프리미엄 서비스

01 EMS 프리미엄 서비스에 대한 내용으로 옳지 <u>않은</u> 것은?

① 우편물의 길이와 둘레의 합이 300cm를 초과할 경우 EMS 프리미엄 서비스를 이용할 수 없다.
② 무게 산정 시 실중량과 체적중량(가로cm × 세로cm × 높이cm/6,000) 중 무거운 중량이 적용된다.
③ EMS 프리미엄 서비스는 공익성을 추구하는 공기업과 이윤추구를 목적으로 하는 사기업의 제휴를 통한 시너지를 제고한다.
④ SMS 배달안내, Export/Import 수취인 요금부담, 통관대행 등 다양한 부가서비스를 제공한다.

 EMS 프리미엄 서비스 부피 제한: 우편물의 길이와 둘레의 합이 400cm 초과 불가(최대 변 길이 274cm 이하)

답 ①

02 EMS 프리미엄 주요 부가서비스에 대한 내용으로 옳은 것은?

① 통관대행은 EMS 계약 고객에 한해 접수우편물의 수출통관을 대행하는 서비스이다.

② 고중량특송 서비스는 30kg 초과 70kg 이하의 고중량화물을 팔레트 단위로 Door to Door 방식으로 배송하는 전문 특송 서비스이다.

③ Export 수취인 요금부담은 우편물을 발송할 때의 요금을 도착국의 수취인이 지불하는 서비스로 수취인이 개인인 경우 접수가 제한된다.

④ 고중량 우편물의 개인, 계약고객에 대한 방문접수는 전국의 모든 우체국에서 수행한다.

> **해설**
> ① 통관대행은 모든 고객(개인 및 EMS 계약고객)을 대상으로 하는 서비스이다.
> ② 고중량특송은 70kg 초과 고중량화물을 팔레트 단위로 Door to Door 방식으로 배송하는 전문 특송 서비스이다.
> ④ 고중량 우편물의 개인, 계약고객에 대한 방문접수는 5급 이상 총괄 우체국에서 수행한다(부득이한 경우 UPS 지점이나 대리점에서 방문접수 가능).
>
> 답 ③

03 EMS 프리미엄 서비스를 이용할 시 발송할 수 없는 품목은 모두 몇 개인가?

㉠ 전자담배	㉡ 드라이아이스
㉢ 버터나이프	㉣ 초

① 1개   ② 2개

③ 3개   ④ 4개

> **해설**
> EMS 프리미엄 주요 발송 불가 품목
>
> | | |
> |---|---|
> | 알코올 첨가된 음료 | 향수나 알코올이 포함된 스킨 |
> | 음식 및 의약품 | 모든 음식물과 의약품
※ 단, 의약품의 경우 발송인이 도착국에 통관여부 등 확인이 필요하며, 추가로 현지 의사의 영문으로 발행된 처방전 등이 필요함 |
> | 담배나 담배관련 제품 | 전자담배 포함 |
> | 탄약 | 화약, 총알 등 폭발성이 있다고 분류된 물품 |
> | 소형화기 및 무기, 모형 총기 | 장난감 무기, 총기 포함 |
> | 드라이아이스 | 위험품으로 간주 |

가공되지 않은 동물성 생산품(Animal Products -Non-domesticated)	• 암소, 염소, 양, 돼지는 가축으로, 그 외 다른 동물들은 가공되지 않은 동물들로 여겨지며, 이들에게서 나온 아이템이나 제품들은 발송 금지 • 가공되지 않은 동물들에게서 나온 제품은 옷(신발, 벨트, 지갑, 핸드백), 장식품(보석, 실내장식)이나 그 외 부산물(by-products)이며, 다음과 같은 아이템 등으로 만든 것 　- 양서류, 조류, 갑각류, 어류, 산호, 조개류, 동물성 해면스펀지, 뿔, 발톱, 발굽, 손톱, 상아, 치아, 부리, 거북딱지, 고래수염[이 제품들의 가루(powder) 및 폐기물(waste)을 포함]
화기성 제품	메탄올, 아세톤, 매니큐어, 초, 성냥 등
칼	• 신체적 위해를 가할 목적의 무기용 칼 • 일반적으로 음식준비에 쓰이는 칼, 만능칼, 주머니칼은 발송 가능. 무기용 칼, 스위치블레이드(칼날이 튀어나오는 나이프), 도검, 총검은 금지 　※ 각국의 금지 제한물품을 참고 　　(예 중국은 버터나이프를 제외한 모든 종류의 칼을 금지)
위험물 · 위험물품	가스(GAS), 방사성물질, 소화기, 스프레이 등도 발송 불가
발전기	대부분의 발전기는 가솔린으로 테스트 되는데, 탱크 가스를 다 빼냈다 하더라도 잔여물이 남게 되고 이로 인해 불이 날 수 있으므로 금지
주류, 알코올 성분 함유된 화장품	미스트, 스킨, 향수 등
가격측정이 어려운 물품	동전, 화폐, 우표, 유가증권, 우편환, 세팅되지 않은 보석류, 산업용 다이아몬드, 사람의 유해
현금 및 양도성 물품	고가의 우표, 유가증권 불가
시체	사람의 유해 등 유골을 포함한 사람과 동물의 시체
상아 · 상아제품, 모피류	
살아 있는 동식물	종자류, 채소, 야채 포함
특별용품	예술품, 골동품, 보석, 금, 은 등

달 ③

04 EMS 프리미엄 서비스에 대한 내용으로 옳지 않은 것은?

① 원칙적으로 사서함 주소 접수가 불가능하지만, 발송동의서를 작성하여 첨부 시 가능하다.
② EMS 프리미엄 주요 부가서비스에는 SMS 배달안내, 통관대행, Export/Import 수취인 요금부담, 고중량특송 서비스 등이 있다.
③ 비서류 접수 시 체적무게가 70kg을 초과할 경우 EMS 프리미엄으로 발송할 수 없다.
④ 세관신고서를 작성할 때는 내용품명, 물건 개수, 물품가격을 영문으로 기록해야 한다.

> **해설** 행방조사청구제도의 청구기한
> 비서류 접수 시 실제무게가 70kg 초과될 경우에는 EMS 프리미엄으로 발송할 수 없지만, 체적무게가 70kg 초과될 경우에는 기표지를 2장으로 하여 발송 가능하다.

달 ③

| STEP6 | 각종 청구제도

01 국제우편 손해배상제도에 대한 내용으로 옳지 <u>않은</u> 것은?

① 국제특급의 경우 지급된 배상금은 원칙적으로 발송우정당국이 부담하고 있으나 상대국에 따라 책임우정당국이 배상하는 경우도 있다.

② 청구 권한은 수취인에게 배달되기 전까지는 발송인에게, 배달된 후에는 수취인에게 있다.

③ 우편물의 분실, 파손 또는 도난 등 사고에 대한 책임이 있는 우정당국이 손해배상금을 부담한다.

④ 포장부실, 내용품의 성질상 훼손된 경우 등 발송인에게 귀책사유가 있어도 손해배상을 청구할 수 있다.

 포장부실, 내용품의 성질상 훼손된 경우 등 발송인에게 귀책사유가 있으면 손해배상이 면책된다.

정답 ④

> ### 더 알아보기 ➕
>
> **손해배상의 면책**
> • 화재, 천재지변 등 불가항력에 의해 발생한 경우
> • 발송인 귀책사유에 의한 경우: 포장부실, 내용품의 성질상 훼손된 경우 등
> • 도착국가의 국내법에 따라 압수 및 금지물품 등에 해당되어 몰수, 폐기된 경우
> • 내용품의 실제가격을 초과 사기하여 보험에 든 경우 등

02 다음 중 행방조사청구제도에 대한 내용으로 <u>잘못된</u> 것은?

① 청구권자는 발송인 또는 수취인이다.

② 발송 및 도착국가는 우편물 행방조사를 청구할 수 있지만, 제3국은 제외된다.

③ 청구대상우편물은 등기우편물, 소포우편물, 국제특급우편물이다.

④ 행방조사의 종류는 우편, 팩스, 전자우편 등을 이용한 조사가 있다.

 행방조사를 청구할 수 있는 국가: 발송 및 도착국가는 물론 제3국도 가능하다.

정답 ②

03 국제우편물 유형별 손해배상액에 대한 내용으로 옳지 <u>않은</u> 것은?

① 등기우편물이 분실, 전부 도난 또는 전부 훼손된 경우는 52,500원 범위 내의 실손해액과 납부한 우편요금(등기료 제외)을 배상한다.

② 보통소포우편물이 일부 분실·도난 또는 일부 훼손된 경우는 70,000원에 1kg당 7,870원을 합산한 금액 범위 내의 실손해액을 배상한다.

③ 보험서장이 분실, 전부 도난 또는 전부 훼손된 경우는 보험가액 범위 내의 실손해액과 납부한 우편요금(보험취급수수료 포함)을 배상한다.

④ 국제특급우편물(EMS)의 내용품이 서류인 경우 일부 도난 또는 훼손된 경우는 52,500원 범위 내의 실손해액과 납부한 국제특급우편요금을 배상한다.

> **해설** 보험서장이 분실, 전부 도난 또는 전부 훼손된 경우는 보험가액 범위 내의 실손해액과 납부한 우편요금(보험취급수수료 제외)을 배상한다.
>
> 정답 ③

04 국제우편 손해배상의 요건이 <u>아닌</u> 것은?

① 우편물에 실질적인 손해가 발생해야 함

② 내용품의 성질상 우편물이 훼손된 경우

③ 우편관서의 과실이 있어야 함

④ 행방조사청구가 기한 내에 이루어져야 함

> **해설** 포장부실, 내용품의 성질상 훼손된 경우 등 발송인 귀책사유에 의한 경우는 손해배상의 면책사유에 해당한다.
>
> 정답 ②

05 국제우편 행방조사청구제도의 청구기한에 대한 내용으로 옳지 <u>않은</u> 것은?

① 우편물을 발송 – 발송 다음 날부터 계산하여 6개월 이내
② EMS 프리미엄 – 발송한 날부터 3개월 이내
③ 국제특급 우편물 – 6개월 이내
④ 배달보장서비스 – 30일 이내

STEP7 | 국제우편물 및 국제우편요금의 반환

01 다음 중 국제우편물의 반환청구에 대한 내용으로 옳지 <u>않은</u> 것은?

① 외국으로 발송할 준비를 완료한 경우 청구인이 해당 우편물의 발송인이 맞는지 확인하고, 기록취급 우편물인 경우에는 접수증 등으로 확인한다.
② 접수국 발송 전 반환청구 시 청구 수수료는 무료이다.
③ 외국 발송 전 K-Packet을 반송하는 경우 반송취급료는 국내등기소포요금이다.
④ 외국으로 이미 발송한 경우 청구인에게 국제우편물 반환 및 주소변경·정정청구서를 로마문자와 아라비아 숫자로 정확하게 적도록 하여야 한다.

02 다음 중 국제우편물의 반환에 대한 내용으로 옳지 <u>않은</u> 것은?

① 청구시한은 우편물이 수취인에게 배달되기 전 청구서가 해당우체국에 도착되어 적절하게 조치할 수 있는 시점이다.

② 수취인에게 보낼 필요가 없게 된 경우는 우편물 반환을 청구할 수 있는데, 청구권자는 관할 지방우정청장이다.

③ 대상우편물은 등기, 소포, 특급우편 및 보통통상 등 모든 국제우편물이 해당되나 청구서 접수 시 청구의 수리 가능 여부를 검토하여 접수한다.

④ 외부 기재사항을 잘못 기재하여 발송한 경우나 발송 후 수취인의 주소가 변경된 것을 알게 된 경우에는 외부 기재사항에 대한 변경 및 정정 청구를 할 수 있다.

 해설 수취인에게 보낼 필요가 없게 된 경우는 우편물 반환을 청구할 수 있는데, 청구권자는 발송인이다.

정답 ②

03 국제우편요금 반환 요건과 반환 금액에 대한 내용으로 옳지 <u>않은</u> 것은?

① 등기우편물·소포우편물 또는 보험취급된 등기우편물·소포우편물의 분실·전부 도난 또는 완전 파손 등의 경우 납부한 국제우편요금 등과 등기·보험취급수수료를 반환한다.

② 다른 법령 또는 상대국 규정에 의해 압수되는 등의 사유에 의하여 반환되지 아니하는 우편물은 요금 반환이 불가능하다.

③ 행방조사청구에 따른 조사결과 우편물의 분실 등이 우편관서의 과실로 발생하였음이 확인된 경우 행방조사청구료를 반환한다.

④ 우편관서의 과실로 우편요금의 과다 징수 시 과다 징수된 국제우편요금 등을 반환한다.

 해설 등기우편물·소포우편물 또는 보험취급된 등기우편물·소포우편물의 분실·전부 도난 또는 완전 파손 등의 경우 납부한 국제우편요금(등기·보험취급수수료 제외)을 반환한다.

정답 ①

01 다음은 과학기술정보통신부 고시 국제우편에 관한 요금 중 항공통상우편요금에 대한 표이다. ㉠과 ㉡에 들어갈 금액으로 바르게 짝 지어진 것은?

구분	세계단일요금
항공서간	㉠
항공엽서	㉡

	㉠	㉡
①	430원	400원
②	430원	480원
③	480원	400원
④	480원	430원

해설 항공서간의 세계단일요금은 480원, 항공엽서의 세계단일요금은 430원이다.

답 ④

02 다음 중 선편통상우편요금에 대한 설명으로 옳지 않은 것은?

① 서신의 경우 20g까지는 470원이 적용된다.
② 엽서는 중량과 관계없이 310원이 적용된다.
③ 중량이 90g인 인쇄물은 820원이 적용된다.
④ 인쇄물의 경우 모든 국가에 5kg까지 발송이 가능하다.

해설 인쇄물의 경우 캐나다와 아일랜드는 2kg까지만 발송이 가능하다.

답 ④

03 다음 중 우정사업본부에서 고시한 국제우편 이용에 관한 수수료에 대한 내용으로 옳지 <u>않은</u> 것은?

① 통상우편물과 소포우편물의 항공우편에 대한 행방조사 청구료는 무료이다.

② 외국으로 발송 후 주소를 변경할 경우, 소포우편물은 청구료를 지불하여야 하지만 통상우편물은 무료이다.

③ 소포우편물의 반송취급료는 배달국가의 반송요금을 적용한다.

④ 특급우편물을 보낼 때 해외 전자상거래용 반품서비스(IBRS)에 대한 수수료는 2kg 이하의 소형 물품을 대상으로 한다.

> **해설** 소포우편물과 통상우편물 모두 외국으로 발송 후 주소를 변경할 경우 청구료를 지불하여야 한다.
>
> 주소변경 및 환부 청구료
>
> | 외국으로 발송준비 완료 전 | • 접수국 발송준비 완료: 무료
• 접수국 발송 후: 국내등기취급수수료 |
> | --- | --- |
> | 외국으로 발송 후 | • 항공우편 청구: 1,800원
• 팩스 청구: 4,800원 |
>
> 답 ②

PART
02 | 최신/최근 기출문제

CHAPTER 01   2022 최신 기출문제

CHAPTER 02   최근 기출문제

잠깐!

혼자 공부하기 힘드시다면 방법이 있습니다.
SD에듀의 동영상강의를 이용하시면 됩니다.
www.sdedu.co.kr → 회원가입(로그인) → 강의 살펴보기

2022 최신 기출문제

01 우편물의 외부표시(기재) 사항에 대한 설명으로 옳은 것은? ★★

① 통상우편물 요금감액을 받기 위해서는 집배코드별로 구분하여 제출해야 한다.
② 집배코드는 도착집중국 3자리, 배달국 2자리, 집배팀 2자리, 집배구 2자리로 구성되어 있다.
③ 우체국과 협의되지 않은 우편요금 표시인영은 표기할 수 없으나, 개인정보보호 법령에 따른 주민등록번호는 기재할 수 있다.
④ 집배코드란 우편물 구분을 편리하게 할 수 있도록 만든 일종의 코드로서, 문자로 기재된 수취인의 주소 정보를 일정한 기준에 따라 숫자로 변환한 것이다.

해설
② 집배코드는 총 9자리로 도착집중국 2자리, 배달국 3자리, 집배팀 2자리, 집배구 2자리로 구성되어 있다.
③ 우체국과 협의되지 않은 우편요금 표시인영은 표시할 수 없고, 개인정보보호 법령에 따른 주민등록번호 등 고유식별정보도 기재할 수 없다.
④ 집배코드는 우편물의 구분·운송·배달에 필요한 구분정보를 가독성이 높은 단순한 문자와 숫자로 표기한 것이다. 우편물 구분을 편리하게 할 수 있도록 만든 일종의 코드는 우편번호로서, 문자로 기재된 수취인의 주소 정보를 일정한 기준에 따라 숫자로 변환한 것이다.

답 ①

더 알아보기 ➕

집배코드 구성 체계

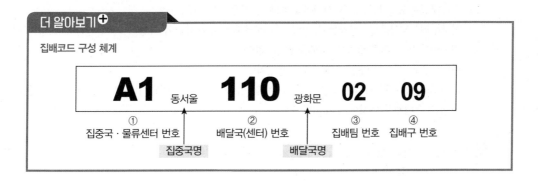

02 방문접수소포(우체국소포)에 대한 설명으로 옳은 것은? ★★

① 인터넷우체국을 이용하여 방문접수 신청은 가능하나, 요금수취인 부담(요금 착불) 신청은 불가하다.

② 초소형 특정 요금은 월 평균 10,000통 이상 발송업체 중 초소형 물량이 80% 이상인 경우에 적용이 가능하다.

③ 연합체 발송계약이란 계약자가 주계약 우체국을 지정하여 이용계약을 체결하고 여러 우편관서에서 별도의 계약 없이 계약소포를 발송하는 것이다.

④ 한시적 발송계약은 3개월 이내에 한시적으로 계약소포를 발송하는 것이다.

① 인터넷우체국(www.epost.kr)을 통하여 방문접수 신청이 가능하고, 요금수취인부담(요금 착불)도 가능하다.

② 초소형 특정 요금이란, 초소형 계약소포에 대하여 규격ㆍ물량ㆍ단계별 요금 및 평균요금을 적용하지 않고 본부장 또는 지방우정청장 승인으로 적용하는 요금을 말한다. 단, 월 평균 1만 통 이상 발송업체 중 초소형 물량이 90% 이상인 경우 적용 가능하다.

③ 연합체 발송계약이란, 상가나 시장 또는 농장 등을 중심으로 일정한 장소에 유사사업을 목적으로 연합되어 있는 법인, 임의단체의 회원들이 1개의 우편관서와 계약을 체결하고 한 장소에 집하하여 계약소포를 발송하는 것을 말한다.

정답 ④

03 선택등기 서비스에 대한 설명으로 옳은 것은? ★★

① 취급대상은 2kg(특급 취급 시 30kg) 이하 통상우편물이다.

② 전자우편, 익일특급, 계약등기, 발송 후 배달증명 부가취급이 가능하나, 우편함에 배달이 완료된 경우에는 발송 후 배달증명 청구를 할 수 없다.

③ 배달기한은 접수한 다음 날부터 4일 이내이다.

④ 손실 또는 망실일 때 최대 5만 원까지 손해배상을 제공하나, 배달이 완료된 후에 발생한 손실 또는 망실은 손해배상 대상에서 제외한다.

① 취급대상은 6kg까지 통상우편물이다(특급 취급 시 30kg 가능).

③ 배달기한은 접수한 다음 날부터 3일 이내이다.

④ 손실ㆍ망실에 한하여 최대 10만 원까지 손해배상을 제공하며, 배달완료(우편함 등) 후에 발생된 손실ㆍ망실은 손해배상 대상에서 제외한다.

정답 ②

04 선납 라벨 서비스에 대한 설명으로 옳은 것을 모두 고른 것은? ★★

○ 사용권장기간 경과로 인쇄 상태가 불량하거나 라벨지 일부 훼손으로 사용이 어려운 경우 동일한 발행 번호와 금액으로 재출력이 가능하다.

○ 훼손 정도가 심각하여 판매정보의 식별이 불가능한 경우 동일한 발행번호와 금액으로 재출력이 가능하다.

○ 우편물 접수 시 우편요금보다 라벨 금액이 많은 경우 잉여금액에 대해 환불이 가능하다.

○ 구매 당일에 한해 판매 우체국에서만 환불 처리가 가능하다.

---

① ㉠, ㉡
② ㉠, ㉢
③ ㉡, ㉢
④ ㉢, ㉣

해설

선납 라벨 서비스에 대한 설명으로 옳은 것은 ㉠, ㉣이다.

㉠ (○) 사용권장기간 경과로 인쇄 상태가 불량하거나 라벨지 일부 훼손으로 사용이 어려운 경우 동일한 발행번호와 금액으로 재출력(교환)이 가능하다.

㉡ (×) 선납라벨 훼손 정도가 심각하여 판매정보(발행번호, 바코드 등)의 식별이 불가능한 경우에는 재출력(교환)이 불가하다.

㉢ (×) 우편물 접수 시 우편요금보다 라벨 금액이 많은 경우 잉여금액에 대한 환불은 불가하다.

㉣ (○) 선납 라벨 구매 고객이 취소를 요청하는 경우 구매 당일에 한해 판매 우체국에서만 환불 처리가 가능하다(우표류 판매취소 프로세스 적용).

정답 ②

05 내용증명 우편물에 대한 설명으로 옳은 것은? ★★

① 문서 이외의 물건도 그 자체 단독으로 내용증명의 대상이 될 수 있다.

② 내용문서의 크기가 A4 용지 규격보다 큰 것은 발송할 수 없다.

③ 다수인이 연명으로 발송하는 내용문서의 경우 다수 발송인 중 1인의 이름, 주소를 우편물의 봉투에 기록한다.

④ 발송인이 재증명을 청구한 경우 문서 1통마다 재증명 청구 당시 내용증명 취급수수료 전액을 징수한다.

> ① 내용증명의 대상은 문서에 한정하며 문서 이외의 물건(예 우표류, 유가증권, 사진, 설계도 등)은 그 자체 단독으로 내용증명의 취급대상이 될 수 없다.
> ② 내용문서의 크기가 A4 용지 규격보다 큰 것은 A4 용지의 크기로 접어서 총 매수를 계산하고, A4 용지보다 작은 것은 이를 A4 용지로 보아 매수를 계산한다.
> ④ 재증명 당시 내용증명 취급수수료의 반액을 재증명 문서 1통마다 각각 징수한다(10원 미만의 금액이 발생할 경우에는 절사).
>
> 답 ③

더 알아보기⊕

내용증명의 개념

- 발송인이 수취인에게 어떤 내용의 문서를 언제 발송하였다는 사실을 우편관서가 공적으로 증명해 주는 우편서비스이다.
- 내용증명제도는 개인끼리 채권·채무의 이행 등 권리의무의 득실 변경에 관하여 발송되는 우편물의 문서내용을 후일의 증거로 남길 필요가 있을 경우와 채무자에게 채무의 이행 등을 최고(催告)하기 위한 경우에 주로 이용되는 제도이다.
- 우편관서는 내용과 발송 사실만을 증명할 뿐, 그 사실만으로 법적효력이 발생되는 것은 아님에 주의해야 한다.

06 국내우편서비스에 대한 설명으로 옳은 것을 모두 고른 것은? ★★

> ㉠ 모사전송(팩스) 우편은 우편취급국을 포함한 모든 우체국에서 신청이 가능하다.
> ㉡ 나만의 우표 홍보형 신청 시에는 기본 이미지 1종 외에 큰 이미지 1종을 무상으로 제공한다.
> ㉢ 고객이 고객맞춤형 엽서를 교환 요청한 때에는 교환금액을 수납한 후 액면 금액에 해당하는 우표, 엽서, 항공서간으로 교환해 준다.
> ㉣ 우체국축하카드 발송 시 50만 원 한도 내에서 문화상품권을 함께 발송할 수 있다.

① ㉠, ㉢ ② ㉠, ㉣
③ ㉡, ㉢ ④ ㉡, ㉣

 해설
국내우편서비스에 대한 설명으로 옳은 것은 ㉡, ㉢이다.
㉠ (×) 모사전송(팩스) 우편 서비스는 우정사업본부장이 지정·고시하는 우체국에서만 취급할 수 있다. 우편취급국은 제외이고, 군부대 내에 소재하는 우체국은 우정사업본부장이 지정·고시하는 우체국만 가능하다.
㉡ (○) 나만의 우표 홍보형 신청 시에는 기본 이미지 1종 외에 큰 이미지 1종을 무상으로 제공한다.
㉢ (○) 고객이 고객맞춤형 엽서를 교환 요청한 때에는 훼손엽서로 규정하여 교환금액(현행 10원)을 수납한 후 액면금액에 해당하는 우표, 엽서, 항공서간으로 교환해 준다.
㉣ (×) 우체국축하카드 발송 시, 경조카드와 함께 20만 원 한도 내에서 문화상품권을 함께 발송할 수 있다.

정답 ③

07 국내우편 요금별납 및 요금후납 우편물에 대한 설명으로 옳지 <u>않은</u> 것은? ★★

① 관할 지방우정청장이 요금별납 우편물을 접수할 수 있도록 정한 우체국이나 우편취급국에서 이용이 가능하다.
② 요금별납 우편물에는 원칙적으로 우편날짜도장을 찍지 않는다.
③ 최초 요금후납 계약일부터 체납하지 않고 4년간 성실히 납부한 사람은 담보금 50% 면제 대상이다.
④ 모든 요금후납 계약자는 요금후납 계약국 변경 신청제도를 이용할 수 있다.

 해설
최초 후납 계약일부터 체납하지 않고 4년간 성실히 납부한 사람은 담보금 전액 면제 대상이다. 최초 계약한 날부터 체납하지 않고 2년간 성실히 납부할 경우에는 담보금 50% 면제 대상이 된다.

정답 ③

08 다음 설명 중 서적우편물로 요금감액을 받을 수 <u>없는</u> 것의 총 개수는? ★★★

> ⊙ 표지를 제외한 쪽수가 40쪽이며 책자 형태로 인쇄된 것
> ⓒ 우편엽서, 지로용지가 각각 1장씩 동봉된 것
> ⓒ 본지, 부록을 포함한 우편물 1통의 무게가 1kg인 것
> ② 상품의 선전 및 광고가 전 지면의 20%인 것

① 1개   ② 2개
③ 3개   ④ 4개

 서적우편물로 요금감액을 받을 수 없는 우편물은 ⊙과 ②로 총 2개이다.

⊙ (×) 표지를 제외한 쪽수가 48쪽 이상인 책자의 형태로 인쇄 · 제본되어 발행인 · 출판사 또는 인쇄소의 명칭 중 어느 하나와 쪽수가 각각 표시되어 발행된 종류와 규격이 같은 서적으로서 우편요금 감액요건을 갖춰 접수하는 요금별납 또는 요금후납 일반우편물이 감액대상이 된다.

ⓒ (○) 우편엽서, 빈 봉투, 지로용지, 발행인(발송인) 명함은 각각 1장만 동봉이 가능하고, 이를 본지 및 부록과 함께 제본할 때는 수량의 제한이 없다.

ⓒ (○) 본지, 부록 등을 포함한 우편물 1통의 총 무게는 1,200g을 초과할 수 없으며, 본지 외 내용물(부록, 기타 동봉물)의 무게는 본지의 무게를 초과해서는 안 된다.

② (×) 상품의 선전 및 광고가 전 지면의 10%를 초과하는 것은 서적우편물 감액대상에서 제외한다.

정답 ②

09 우편사서함 사용계약에 대한 설명으로 ㉠, ㉡, ㉢에 들어갈 말로 옳게 짝 지어진 것은? ★★★

- 사서함 신청을 받은 우체국장은 국가기관, 지방자치단체, 일일 배달 예정물량이 (㉠)통 이상인 다량 이용자, 우편물 배달 주소지가 사서함 설치 우체국의 관할구역인 신청자 순서로 우선적으로 계약할 수 있다.
- 최근 3개월간 계속하여 사서함에 배달된 우편물의 총 수량이 월 (㉡)통에 미달한 경우, 사서함 사용 계약을 해지할 수 있다.
- 사서함을 운영하고 있는 관서의 우체국장은 연 (㉢)회 이상 운영 실태를 점검하고 사용계약 해지 대상자 등을 정비하여야 한다.

	㉠	㉡	㉢
①	50	30	1
②	100	50	1
③	50	50	2
④	100	30	2

 해설

- 사서함 신청을 받은 우체국장은 국가기관, 지방자치단체, 일일 배달 예정물량이 100통 이상인 다량이용자, 우편물 배 달 주소지가 사서함 설치 우체국의 관할구역인 신청자 순서로 우선적으로 계약할 수 있다.
- 최근 3개월간 계속하여 사서함에 배달된 우편물의 총 수량이 월 30통에 미달한 경우 사서함 사용계약을 해지할 수 있다.
- 사서함을 운영하고 있는 관서의 우체국장은 연 2회 이상 운영 실태를 점검하고 사용계약 해지 대상자 등을 정비하여 야 한다.

정답 ④

10 우편물 운송용기의 종류와 용도에 대한 설명으로 옳지 <u>않은</u> 것은? ★

① 우편운반대(평팔레트): 소포 등 규격화된 우편물 담기와 운반
② 소형우편상자: 소형통상우편물 담기
③ 대형우편상자: 얇은 대형통상우편물 담기
④ 특수우편자루: 부가취급우편물 담기

> **해설** 대형우편상자는 두꺼운 대형통상우편물을 담는 용도이다.
>
> 답 ③

더 알아보기 ➕

운송용기의 종류와 용도

종류		용도	비고
운반차	우편운반차 (롤팔레트)	통상·소포우편물, 우편상자, 우편자루의 담기와 운반	
	우편운반대 (평팔레트)	소포 등 규격화된 우편물 담기와 운반	
	상자운반차 (트롤리)	우편상자(소형, 중형, 대형) 담기와 운반	
우편 상자	소형상자	소형상자 소형통상우편물 담기	부가취급우편물을 적재할 때에는 상자덮개를 사용하여 봉함하여야 함
	중형상자	얇은 대형통상우편물 담기	
	대형상자	두꺼운 대형통상우편물 담기	
접수상자		소형통상 다량우편물 접수, 소형통상우편물 담기	
우편 자루	일반자루	일반우편물(통상·소포) 담기	크기에 따라 가호, 나호
	특수자루	부가취급우편물 담기	가호, 나호
	특급자루	국내특급우편물(익일특급우편물 제외) 담기	가호, 나호, 다호

11 손해배상 및 이용자 실비지급에 대한 설명으로 옳은 것은? ★★

① 설·추석 등 특수한 기간에 우편물이 대량으로 늘어나 늦게 배달되는 경우에도 지연배달로 인한 손해배상 대상이 된다.

② D(우편물 접수일)+1일 20시 이후 배달된 당일특급 우편물은 국내특급수수료만 손해배상한다.

③ EMS 우편물의 종·추적조사나 손해배상을 청구한 때, 3일 이상 지연 응대한 경우에는 무료발송권(1회 3만 원권)을 이용자 실비로 지급한다.

④ 이용자 실비를 지급받기 위해서는 사유가 발생한 다음 날부터 15일 이내에 해당 우체국에 신고해야 한다.

 해설

① 설·추석 등 특수한 기간에 우편물이 대량으로 늘어나 늦게 배달되는 경우 지연배달로 보지 않는다.

② D+1일 20시 이후 배달된 당일특급 우편물은 우편요금과 국내특급수수료를 손해배상한다.

④ 이용자 실비지급 사유가 발생한 날부터 15일 이내에 해당 우체국에 신고해야 한다.

답 ③

12 우편물 운송 용어에 대한 설명으로 옳은 것의 총 개수는? ★★

㉠ 감편: 우편물 감소로 운송편의 톤급을 하향 조정(예: 4.5톤 → 2.5톤)

㉡ 거리연장: 운송구간에 추가로 수수국을 연장하여 운행함

㉢ 구간: 정해진 운송구간을 운송형태별(교환, 수집, 배집 등)로 운행함

㉣ 배집: 우편집중국 등에서 배달할 우편물을 배달국으로 보내는 운송형태

① 1개　　　　　　　　　　② 2개

③ 3개　　　　　　　　　　④ 4개

해설

우편물 운송 용어에 대한 설명으로 옳은 것은 ㉡으로 총 1개이다.

㉠ 감편: 우편물의 발송량이 적어 정기편을 운행하지 아니함

㉢ 구간: 최초 발송국에서 최종 도착국까지의 운송경로

㉣ 배집: 배분과 수집이 통합된 운송형태

답 ①

13 우편물 발착업무에 대한 설명으로 옳지 <u>않은</u> 것은?

① 발착업무의 처리과정은 분류 · 정리, 구분, 발송, 도착 작업으로 구성되어 있다.

② 분류 · 정리작업은 구분이 완료된 우편물을 보내기 위한 송달증 생성, 체결, 우편물 적재 등의 작업이다.

③ 주소와 우편번호 주위에 다른 문자가 표시된 우편물은 기계구분이 불가능한 우편물이다.

④ 소포우편물을 우편운반차에 적재할 때는 수취인 주소가 기재된 앞면이 위쪽으로 향하도록 적재한다.

> **해설** 우편물 발착업무에서 분류 · 정리작업은 우편물을 우편물 종류별로 구분하고 우편물 구분작업을 쉽게 하기 위하여 기계구분우편물과 수구분우편물로 분류하여 구분기계에 인입이 가능하도록 정리하는 등의 작업이다. 구분이 완료된 우편물을 보내기 위한 송달증 생성, 체결, 우편물 적재 등의 작업은 발송작업이다.
>
> 답 ②

14 다음 설명에 해당하는 국제우편 업무 관련 국제연합체는?

> • 2002년 아시아 · 태평양 연안 지역 6개 국가로 결성, 2021년 12월 현재 한국 포함 11개 국가로 구성
> • 공동으로 구축한 단일 네트워크 기반 및 'The Power to Deliver'라는 슬로건하에 활동

① Universal Postal Union

② Asian Pacific Postal Union

③ World Logistics Organization

④ Kahala Posts Group

> **해설** 카할라 우정연합(Kahala Posts Group): 아시아 · 태평양 연안 지역 내 6개 우정당국(한국, 미국, 일본, 중국, 호주, 홍콩)이 국제특송시장에서의 주도권 확보 및 국제특급우편(EMS) 경쟁력 향상을 목적으로 2002년 6월에 결성하여 회원국을 유럽까지 확대하고 있다. 사무국은 홍콩에 소재하고 있으며, 회원국은 11개국(2021년 12월 현재)이 가입되어 있다.
> ※ Kahala는 최초 회의가 개최된 미국(하와이) 내 지명(地名)으로, 11개 회원국은 한국, 미국, 일본, 중국, 호주, 홍콩, 스페인, 영국, 프랑스, 태국, 캐나다이다.
>
> 답 ④

15 국제우편물의 종류별 접수에 대한 설명으로 옳은 것은? ★★

① 우편자루배달 인쇄물의 등기취급은 미국, 캐나다 등 북미권역과 유럽, 아시아 등 만국우편연합 회원국가 간 발송에 제한이 없다.

② 시각장애인이나 공인된 시각장애인 기관에서 발송하는 공무를 위한 모든 우편물은 시각장애인용우편물로 취급 가능하다.

③ 소형포장물은 현실적이고 개인적인 통신문의 서류 동봉이 가능하며, 내용품의 탈락을 방지하기 위하여 단단히 밀봉하여야 한다.

④ 보험소포의 보험가액은 'Insured Value-words 보험가액-문자' 칸과 'Figures 숫자' 칸에 영문과 아라비아 숫자로 원화(KRW) 단위로 기재한다.

> **해설** ① 2021년 12월 현재, 등기 취급이 불가한 국가는 미국과 캐나다이다. 우편자루배달 인쇄물(M-bag)은 일반적으로는 어느 나라든지 보낼 수 있으나, 등기를 취급하는 나라가 제한된다.
> ② 모든 우편물은 아니고, 일정조건에 부합해야 한다. 시각장애인용 우편물(Items for the blind)은 시각장애인이나 공인된 시각장애인 기관에서 발송하거나 수신하는 경우에 해당하며, 녹음물·서장·시각장애인용 활자가 표시된 금속판을 포함한다.
> ③ 소형포장물(Small packet)은 현실적이고 개인적인 통신문과 같은 성질의 그 밖의 서류 동봉이 가능하다. 다만, 그러한 서류는 해당 소형포장물의 발송인이 아닌 다른 발송인이 작성하거나 다른 수취인 앞으로 주소를 쓸 수 없다. 소형포장물을 봉할 때에는 특별 조건이 필요한 것은 아니나, 내용품 검사를 위하여 이를 쉽게 열어볼 수 있도록 하여야 한다.
>
> 답 ④

16 국제우편물 사전 통관정보 제공에 대한 설명으로 옳지 <u>않은</u> 것은? ★

① 우리나라의 HS코드는 10자리이며, 그중 앞자리 6개 숫자는 국제 공통 분류에 해당한다.

② 우편취급국을 포함한 전국 모든 우체국이 적용 대상 관서이다.

③ 대상우편물은 EMS(비서류), 항공소포, 소형포장물, K-Packet으로 한정하며, 포스트넷 입력은 숫자 이외의 문자는 모두 영문으로 입력하여야 한다.

④ 대상국가는 미국, 캐나다, 브라질 등 39개국이다.

> **해설** 선편소포도 포함된다. 즉 사전 통관정보 제공 대상이 되는 우편물은 EMS(비서류), 소포(항공, 선편), 소형포장물, K-Packet 등이다.
>
> 답 ③

17 국제소포우편물 접수 시 기표지(운송장) 작성에 대한 설명으로 옳지 <u>않은</u> 것은? ★★

① 도착국가에서 배달불능 시, 발송인이 우편물을 돌려받지 않길 원할 경우 '□ Treat as abandoned 포기'를 선택하여 ∨ 또는 × 표시한다.

② 항공우편물의 Actual weight 실중량, Volume weight 부피중량, 요금, 접수우체국명/접수일자 등을 접수 담당자가 정확하게 기재한다.

③ 중량기재 시 보통소포는 100g 단위로 절상하고, 보험소포는 10g 단위로 절상하여야 한다.

④ 보험소포의 보험가액을 잘못 기재한 경우 1회에 한하여 정정이 가능하나, 이후에 잘못 기재한 경우는 기표지를 새로 작성하여야 한다.

> **해설** 보험가액을 잘못 기재한 경우 지우거나 수정하지 말고 주소기표지(운송장)를 다시 작성하도록 발송인에게 요구한다.
>
> 目 ④

18 국제우편 K-Packet에 대한 설명으로 옳은 것은? ★★

① 국제우편규정에 따라 우정사업본부장이 고시한 전자상거래용 국제우편서비스이다.

② EMS와 같은 경쟁서비스이며 고객맞춤형 국제우편서비스로서 평균 송달기간은 5~6일이다.

③ 'L'로 시작하는 우편물번호를 사용하며, 1회 배달 성공률 향상을 위해 해외 우정당국과 제휴하여 발송인 서명 없이 배달하기로 약정한 국제우편서비스이다.

④ 제휴(서비스)국가는 우정사업본부장이 고시하여 정한다.

> **해설** ① 「국제우편규정」 제3조 · 제9조에 따라 과학기술정보통신부장관이 고시한 전자상거래용 국제우편서비스이다.
> ② EMS와 같은 경쟁서비스이며 고객맞춤형 국제우편서비스로서 평균 송달기간은 7~10일이다.
> ③ 온라인으로 판매되는 소형물품(2kg 이하)의 해외배송에 적합한 서비스로 'L'로 시작하는 우편물번호를 사용하며, 1회 배달 성공률 향상을 위해 해외 우정당국과 제휴하여 수취인 서명 없이 배달하기로 약정한 국제우편서비스이다.
>
> 目 ④

19 국제우편 스마트 접수에 대한 설명으로 옳지 <u>않은</u> 것은? ★★

① 접수대상 우편물은 EMS, 국제소포, 등기소형포장물이다.

② 국제우편 스마트 접수 우편물에 대해서는 우편물 종별에 관계없이 스마트 접수 요금할인이 5% 적용된다.

③ 국제우편 스마트 접수 우편물 중 대상우편물에 따라 방문(픽업) 접수가 가능한 우편물과 그렇지 못한 우편물이 있다.

④ 국제우편 접수채널의 다양화를 통해 이용고객의 편의증진 및 접수창구요원의 접수부담 경감에 기여한다.

> **해설** 국제우편 스마트 접수 대상이 되는 우편물은 EMS, 국제소포, 등기소형포장물이다. 그중에서 EMS를 스마트 접수할 경우 5% 할인이 적용된다.
>
> 답 ②

더 알아보기 ➕

국제우편 스마트 접수 시스템 처리도(우체국 방문접수)

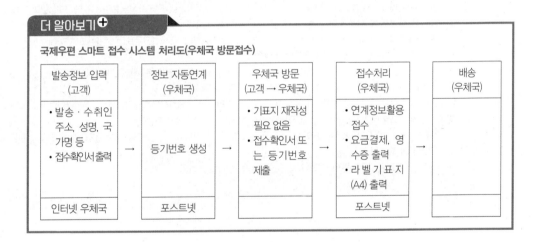

발송정보 입력 (고객)		정보 자동연계 (우체국)		우체국 방문 (고객 → 우체국)		접수처리 (우체국)		배송 (우체국)
• 발송 · 수취인 주소, 성명, 국가명 등 • 접수확인서 출력	→	등기번호 생성	→	• 기표지 재작성 필요 없음 • 접수확인서 또는 등기번호 제출	→	• 연계정보활용 접수 • 요금결제, 영수증 출력 • 라벨기표지 (A4) 출력	→	
인터넷 우체국		포스트넷				포스트넷		

20 국제회신우표권(IRC)에 대한 설명으로 옳은 것의 총 개수는? ★★★

> ㉠ 수취인의 회신요금 부담 없이 외국으로부터 회답을 받는 제도이다.
> ㉡ 만국우편연합 총회가 개최되는 매 4년마다 총회 개최지명으로 발행한다.
> ㉢ 만국우편연합 관리이사회(CA)에서 발행하며 각 회원국에서 판매한다.
> ㉣ 현재 필요한 상태에 있지 않으면서 다량 구매를 요구하는 경우, 판매제한과 거절사유에 해당된다.
> ㉤ 국제회신우표권 판매 시 교환 개시일 안내를 철저히 해야 한다.
> ㉥ 우리나라에서는 1,450원에 판매하고, 교환은 850원에 해당하는 우표류와 교환한다.

① 3개 ② 4개
③ 5개 ④ 6개

국제회신우표권(IRC)에 대한 설명으로 옳은 것은 ㉠, ㉡, ㉣, ㉥으로 총 4개이다.
㉠ (ㅇ) 수취인에게 회신요금의 부담을 지우지 아니하고 외국으로부터 회답을 받는 데 편리한 제도이다.
㉡ (ㅇ) 만국우편연합(UPU) 총회가 개최되는 매 4년마다 총회 개최지명으로 국제회신우표권을 발행하며(4년마다 디자인 변경) 국제회신우표권의 유효기간은 앞면 우측과 뒷면 하단에 표시한다.
㉢ (×) 만국우편연합 국제사무국에서 발행하며 각 회원국에서 판매한다. 국제회신우표권 1장은 그 나라에서 외국으로 발송되는 항공보통서장 최저 요금의 우표와 교환한다.
㉣ (ㅇ) 현재 필요한 상태에 있지 않으면서 한꺼번에 다량 구매를 요구하는 경우, 판매제한과 거절사유에 해당된다.
㉤ (×) 국제회신우표권 판매 시 교환 마감일(유효기간) 안내를 철저히 한다.
㉥ (ㅇ) 우리나라에서는 1매당 1,450원에 판매한다. 외국에서 판매한 국제회신우표권의 교환은 우리나라에서 외국으로 발송되는 항공보통서장의 4지역 20g 요금(850원)에 해당하는 우표류와 교환한다.
※ 우표류 : 과학기술정보통신부장관이 발행한 우표(소형시트 포함), 우편요금을 표시하는 증표와 우표책, 우편물의 부가취급에 필요한 봉투 등
※ 국제회신우표권은 '우표류'에 속하나 할인판매 불가

정답 ②

최근 기출문제

※ 본 파트는 우정 9급 계리직 2021년, 2019년, 2018년 우편상식 기출문제를 바탕으로 개편된 우편상식 시험의 문항 수에 맞게 20문항으로 구성하였습니다.
※ 문제 옆의 별 표시는 난도를 구분하여 하~상까지 각각 1~3개를 부여한 것이므로 학습에 참고하시기 바랍니다.
※ 과년도 우편 및 금융상식 기출문제에 대한 무료해설강의는 시대플러스(https://www.sdedu.co.kr/sidaeplus)에서 수강하실 수 있습니다.

01 계약등기 우편물의 부가취급 서비스에 대한 설명이다. 수수료로 옳은 것은? ★

> 등기취급을 전제로 우체국과 발송인이 별도의 계약에 따라 수취인을 직접 만나서 우편물을 배달하면서 서명이나 도장을 받는 등 응답이 필요한 사항을 받아 발송인이나 발송인이 지정하는 자에게 회신하는 부가취급제도

① 500원
② 1,000원
③ 1,500원
④ 2,000원

해설 등기취급을 전제로 우체국과 발송인이 별도의 계약에 따라 수취인을 직접 만나 우편물을 배달하면서 서명이나 도장을 받는 등 응답이 필요한 사항을 받거나, 서류를 넘겨받아 발송인이나 발송인이 지정하는 자에게 회신하는 부가취급제도는 '회신우편제도'이다. 회신우편의 수수료는 1,500원이다.

달 ③

더 알아보기 ➕

계약등기 우편제도 부가취급수수료

부가취급 서비스	수수료	비고
회신우편	1,500원	일반 및 맞춤형 계약등기
본인지정배달	1,000원	
착불배달	500원	
우편주소 정보제공	1,000원	
반환취급 사전납부	반환취급수수료 × 반환율	일반형 계약등기

02 등기우편물의 부가취급에 대한 설명으로 옳은 것은?　　　　　　　　　　　　　　　★★

① 특별송달 우편물에 첨부된 우편송달통지서 용지의 무게는 우편물의 무게에 포함되지 않는다.

② 민원우편 발송 시 우정사업본부에서 발행한 취급용 봉투를 사용하지 않아도 된다.

③ 민원우편은 발송할 때의 취급요금(우편요금＋등기취급수수료＋부가취급수수료)과 회송할 때의 취급요금(50g 규격요금＋등기취급수수료＋익일특급수수료)을 합하여 미리 받는다.

④ 착불배달 우편물이 반송된 경우, 발송인은 착불요금과 반송수수료를 납부해야 한다.

> **해설**
>
> ③ 민원우편은 국민들의 일상생활에 필요한 각종 민원서류를 관계기관에 직접 나가서 발급받는 대신 우편이나 인터넷으로 신청하고 그에 따라 발급된 민원서류를 등기취급하여 민원우편 봉투에 넣어 일반우편물보다 우선하여 송달하는 부가취급제도로 발송할 때의 취급요금(우편요금＋등기취급수수료＋부가취급수수료)과 회송할 때의 취급요금(50g 규격요금＋등기취급수수료＋익일특급수수료)을 합하여 미리 받는다.
>
> ① 특별송달 우편물에 첨부된 우편송달통지서 용지의 무게는 우편물의 무게에 포함한다.
>
> ② 민원우편 발송 시 우정사업본부에서 발행한 민원우편 취급용 봉투(발송용, 회송용)를 사용한다.
>
> ④ 착불배달은 우편물이 수취인 불명, 수취거절 등으로 반송되는 경우 발송인에게 우편요금 및 반송수수료를 징수한다. 다만, 맞춤형 계약등기는 우편요금(표준요금＋무게구간별 요금)만 징수한다. 접수담당자는 발송인에게 위 두 사항을 반드시 설명한다.
>
> 답 ③

03 소포우편물의 감액에 대한 설명으로 옳은 것의 총 개수는? ★★★

> ㉠ 감액대상은 창구접수 소포우편물(일반소포 및 등기소포)과 방문접수 소포우편물이다.
> ㉡ 우체국 창구접수의 경우, 인터넷우체국 사전접수를 통해 접수정보를 연계한 경우에만 감액대상이 된다.
> ㉢ 요금후납의 방법으로 우체국 창구에 100개 접수한 경우, 5% 금액을 할인받을 수 있다.
> ㉣ 방문접수의 경우, 최소 3개 이상 발송하여야 개당 500원을 할인받을 수 있다.

① 1개
② 2개
③ 3개
④ 4개

해설 소포우편물의 감액에 대한 설명으로 옳은 것은 ㉡으로 총 1개이다.
㉠ (×) 감액대상은 창구접수(등기소포)와 방문접수 우편요금(부가취급수수료 제외)이며 기표지상 동일 발송인 및 접수 정보 연계 접수 시에 한한다.
㉡ (○) 창구접수 감액은 인터넷우체국 사전접수를 통해 접수정보 연계 시에만 적용한다.
㉢ (×) 요금후납의 방법으로 우체국 창구에 100개 접수한 경우, 10% 금액을 할인받을 수 있다.
㉣ (×) 방문접수의 경우, 접수장소 사전연계 시 개당 500원을 할인받을 수 있다.

📖 ①

더 알아보기 ➕

요금감액 범위

구분		3%	5%	10%	15%
창구접수	요금즉납	1~2개	3개 이상	10개 이상	50개 이상
	요금후납	-	70개 이상	100개 이상	130개 이상
방문접수	접수정보 사전연계	개당 500원 감액 (접수정보 입력, 사전결제, 픽업장소 지정 시)			
분할접수		중량 20kg 초과 소포 1개를 2개로 분할하여 접수할 경우 2,000원 감액 ※ 동일 시간대, 동일 발송인, 동일 수취인이고, 분할한 소포 1개의 무게는 10kg 을 초과할 것			

04 특급취급에 대한 설명으로 옳은 것의 총 개수는?　★★

> ㉠ 당일특급우편물이 접수한 다음 날 18시에 배달되었을 경우, 국내특급수수료를 지연배달 배상금으로 지급한다.
> ㉡ 국제특급(EMS)우편물은 당일특급에 준하여 배달처리한다.
> ㉢ 익일특급 취급지역은 우정사업본부장이 고시한다.
> ㉣ 당일특급우편물은 2회째부터 통상적인 배달의 예에 따라 재배달한다.

① 1개 　　　　　　　　　　　　　② 2개
③ 3개 　　　　　　　　　　　　　④ 4개

 특급취급에 대한 설명으로 옳은 것은 ㉠, ㉡으로 총 2개이다.

㉠ (ㅇ) D+1일 0~20시까지 배달분은 지연배달 시 '국내특급수수료'를 지연배달 배상금으로 지급한다.

구분		손실 · 분실(최고)	지연배달
국내특급	당일특급	10만 원	• D+1일 0~20시까지 배달분: 국내특급수수료 • D+1일 20시 이후 배달분: 우편요금과 국내특급수수료
	익일특급	10만 원	D+3일 배달분부터: 우편요금 및 국내특급수수료

㉡ (ㅇ) 국제특급(EMS)우편물은 당일특급에 준하여 배달처리한다.

㉢ (×) 익일특급 취급지역은 관할 지방우정청장이 고시하되 접수한 날의 다음 날까지 배달이 곤란한 지역에 대해서는 별도로 추가일수를 더하여 고시한다(규칙 제61조 제6항).

㉣ (×) 재배달할 우편물은 2회째 때에는 가장 빠른 방법으로 배달하고 3회째 때에는 통상적인 배달의 예에 의한다(단, 익일특급우편물은 제외).

정답 ②

05 등기취급우편물 배달에 대한 설명으로 옳지 <u>않은</u> 것은?　★

① 같은 건축물 및 같은 구내의 관리사무소, 접수처, 관리인도 정당수령인이 될 수 있다.

② 우편물 수취인의 진위를 주민등록증 등 필요한 증명으로 반드시 확인하고 배달하여야 한다.

③ 통화등기우편물은 수취인으로 하여금 집배원이 보는 앞에서 내용금액을 표기금액과 서로 비교 확인하게 한 후에 배달하여야 한다.

④ 물품등기우편물은 집배원이 우편물 내용을 확인하지 않고 수취인에게 봉투와 포장상태의 이상 유무만 확인하게 한 후에 배달하여야 한다.

② 등기취급우편물의 수령인 확인 방법은 수령인이 인장을 날인하거나 수령인 성명을 직접 자필로 기록하게 하며(외국인 포함), 수령인이 본인이 아닌 경우에는 수취인과의 관계를 정확히 기록하여야 하고, 실제 우편물을 수령한 수령인을 반드시 입력한다.

① 같은 건축물 및 같은 구내의 관리사무소, 접수처, 관리인은 정당수령인이다.

③ 통화등기우편물을 배달할 때에는 수취인으로 하여금 집배원이 보는 앞에서 그 우편물을 확인하게 하여 내용금액을 표기금액과 서로 비교 확인한다.

④ 물품등기우편물은 우편물을 확인하지 않고 수취인에게 봉투와 포장상태의 이상 유무만을 확인하게 한 후 사고발생으로 인한 민원발생 및 우편서비스 품질이 저하되는 사례가 없도록 유의한다.

답 ②

06 「우편법」 위반에 대한 벌칙의 설명으로 옳은 것은?　★★

① 우편업무에 종사하는 자가 정당한 사유 없이 우편물의 취급을 거부하거나 이를 고의로 지연시키게 한 경우에는 1년 이하의 징역 또는 5백만 원 이하의 벌금에 처한다.

② 우편관서 및 서신송달업자가 취급 중인 우편물 또는 서신을 정당한 사유 없이 개봉, 훼손, 은닉 또는 방기하거나 고의로 수취인이 아닌 자에게 내준 자는 2년 이하의 징역 또는 2천만 원 이하의 벌금에 처한다.

③ 소인이 되지 아니한 우표를 떼어낸 자는 1년 이하의 징역 또는 1천만 원 이하의 벌금에 처한다.

④ 우편금지물품을 우편물로 발송한 자는 1년 이하의 징역 또는 1천만 원 이하의 벌금에 처하고 그 물건을 몰수한다.

③ 소인(消印)이 되지 아니한 우표를 떼어낸 자는 1년 이하의 징역 또는 1천만 원 이하의 벌금에 처한다(「우편법」제54조 제2항).

① 우편업무에 종사하는 자가 정당한 사유 없이 우편물의 취급을 거부하거나 이를 고의로 지연시키게 한 경우에는 1년 이하의 징역 또는 1천만 원 이하의 벌금에 처한다(동법 제50조).

② 우편관서 및 서신송달업자가 취급 중인 우편물 또는 서신을 정당한 사유 없이 개봉, 훼손, 은닉 또는 방기(放棄)하거나 고의로 수취인이 아닌 자에게 내준 자는 3년 이하의 징역 또는 3천만 원 이하의 벌금에 처한다(동법 제48조 제1항).

④ 우편금지물품을 우편물로서 발송한 자는 2년 이하의 징역 또는 2천만 원 이하의 벌금에 처하고 그 물건을 몰수한다(동법 제52조).

답 ③

07 국제특급우편(EMS) 요금감액 대상 요건 중 ㉠, ㉡에 들어갈 내용으로 옳은 것은? ★★★

> 계약국제특급우편 이용자가 1개월에 (㉠)만 원을 초과하여 EMS 우편물을 발송하는 경우에 적용한다.
> 단, (㉡)% 이상 감액률은 해당 지방우정청장이 승인한 후 적용한다.

	㉠	㉡
①	30	16
②	30	18
③	50	16
④	50	18

 계약국제특급우편 이용자가 1개월에 50만 원을 초과하여 EMS 우편물을 발송하는 경우에 적용한다. 단, 18% 이상 감액률은 해당 지방우정청장이 승인한 후 적용한다.

국제우편요금을 감액할 수 있는 우편물의 종류 · 취급요건 · 감액범위(우정사업본부고시 제2018-40호)

이용금액 구분	30 이하	30 초과 ~50	50 초과 ~150	150 초과 ~500	500 초과 ~1,000	1,000 초과 ~2,000	2,000 초과 ~5,000	5,000 초과 ~10,000	10,000 초과 ~20,000	20,000 초과
계약특급	–	–	4%	6%	8%	10%	12%	14%	16%	18%
수시특급	–	3%	4%	6%	8%	10%	12%	14%	16%	18%
일괄특급	–	–	2%		3%	4%	5%	6%	7%	8%

※ 계약특급의 18% 이상 감액률은 해당 지방우정청장의 승인 후 적용함

※ 수시특급의 이용금액은 1회당 이용금액 기준임

※ 감액 시 기준금액은 고시된 요금(EMS 프리미엄은 요금표) 기준이며, 수수료는 제외한다.

답 ④

08 국제우편 행방조사 청구에 대한 설명으로 옳은 것은? ★★

① 우편물 분실의 경우에는 발송인만 청구가 가능하다.
② 발송국가와 도착국가(배달국가)에서만 청구가 가능하다.
③ 청구기한은 우편물을 발송한 날부터 계산하여 6개월이다.
④ 청구대상 우편물은 보통통상우편물, 등기우편물, 소포우편물, 국제특급우편물이다.

① 많은 국가에서 발송인 청구 위주로 행방조회를 진행한다(미국, 독일, 프랑스 등). 우편물이 분실된 경우는 발송인이
  청구권자이며 파손된 경우는 발송인이나 수취인이 청구권자이다.
② 발송국가와 도착국가(배달국가)는 물론이고 제3국에서도 청구가 가능하다.
③ 청구기한은 우편물을 발송한 다음 날부터 계산하여 6개월(다만, 국제특급 우편물의 경우에는 4개월 이내)이다.
④ 청구대상 우편물은 등기우편물, 소포우편물, 국제특급우편물이다.

답 ①

09 국제우편 요금별납 및 요금후납 제도에 대한 설명으로 옳은 것은? ★★

① 국제우편 요금별납 및 요금후납은 우편취급국을 포함한 모든 우체국에서 접수가 가능하다.
② 국제우편 요금후납은 동일인이 동일 우편물을 매월 10통 이상 발송하는 국제통상우편물 및 국제소
  포우편물을 대상으로 한다.
③ 요금별납 및 요금후납 우편물에는 우편날짜도장 날인을 생략한다.
④ 접수된 요금후납 우편물은 별도 우편자루 체결 · 발송을 원칙으로 한다. 다만, 물량이 적을 경우에
  는 단단히 묶어서 다른 우편물과 함께 발송한다.

③ 요금별납 우편물 및 요금후납 우편물에는 우편날짜도장 날인을 생략한다.
① 국제우편 요금별납은 한 사람이 한 번에 같은 우편물(동일무게)을 보낼 때에 우편물 외부에 요금별납(POSTAGE
  PAID) 표시를 하여 발송하고 우편요금은 별도로 즉납하는 제도로 우편취급국을 제외한 모든 우체국에서 취급한다.
② 국제우편요금의 후납은 동일인이 매월 100통 이상 발송하는 국제 통상우편 및 국제 소포우편물을 대상으로 한다.
④ 국제우편요금의 별납 시 접수된 우편물은 국제우체국 앞으로 별도 우편자루 체결 · 발송을 원칙으로 한다. 다만, 물
  량이 적을 경우에는 단단히 묶어서 다른 우편물과 함께 발송한다.

답 ③

10 우편사업의 보호규정에 대한 설명으로 옳은 것을 모두 고른 것은? ★★

> ㉠ 지방자치단체에서 발송하는 등기우편물은 서신독점의 대상이다.
> ㉡ 우편업무를 위해서만 사용하는 물건은 압류가 금지되지만 제세공과금 부과의 대상이다.
> ㉢ 우편물의 발송, 수취나 그 밖의 우편 이용에 관한 제한능력자의 행위는 능력자가 행한 것으로 간주한다.
> ㉣ 상품의 가격, 기능, 특성 등을 문자, 사진, 그림으로 인쇄한 16쪽 이상인 책자 형태의 상품 안내서는 서신독점의 대상이다.

① ㉠, ㉢   ② ㉠, ㉣
③ ㉡, ㉢   ④ ㉡, ㉣

해설

우편사업의 보호규정에 대한 설명으로 옳은 것은 ㉠, ㉢이다.

㉠ (O) 서신독점권은 국가에 있으며, 독점권의 대상은 서신이다. "서신"이라 함은 의사전달을 위하여 특정인이나 특정 주소로 송부하는 것으로서 문자 · 기호 · 부호 또는 그림 등으로 표시한 유형의 문서 또는 전단을 말한다(「우편법」 제1조의2 제7호). 국가기관이나 지방자치단체에서 발송하는 등기취급 서신은 위탁이 불가능하다.

㉡ (X) 우편업무를 위해서만 사용하는 물건과 우편업무를 위해 사용 중인 물건은 압류할 수 없으며, 우편업무를 위해서만 사용하는 물건(우편에 관한 서류를 포함)에 대해서는 국세 · 지방세 등의 제세공과금을 매기지 않는다.

㉢ (O) 우편물의 발송 · 수취나 그 밖에 우편 이용에 관하여는 제한능력자의 행위라도 능력자가 행한 것으로 간주된다. 이에 따라 제한능력자의 행위임을 이유로 우편관서에 대하여 임의로 이용관계의 무효 또는 취소를 주장할 수 없다. 다만, 법률행위에 하자가 발생한 경우에는 관련규정에 따른다. 제한능력자라 함은 「민법」상의 제한능력자를 말하며, 행위제한능력자(미성년자, 피한정후견인, 피성년후견인)와 의사제한능력자(만취자, 광인 등)를 모두 포함한다.

㉣ (X) ㉠의 단서조항으로 다음에 해당하는 경우에는 예외로 한다(「우편법 시행령」 제3조).
- 「신문 등의 진흥에 관한 법률」 제2조 제1호에 따른 신문
- 「잡지 등 정기간행물의 진흥에 관한 법률」 제2조 제1호 가목에 따른 정기간행물
- 다음 각 목의 요건을 모두 충족하는 서적
  - 표지를 제외한 48쪽 이상인 책자의 형태로 인쇄 · 제본되었을 것
  - 발행인 · 출판사나 인쇄소의 명칭 중 어느 하나가 표시되어 발행되었을 것
  - 쪽수가 표시되어 발행되었을 것
- 상품의 가격 · 기능 · 특성 등을 문자 · 사진 · 그림으로 인쇄한 16쪽 이상(표지를 포함한다)인 책자 형태의 상품안내서
- 화물에 첨부하는 봉하지 아니한 첨부서류 또는 송장
- 외국과 주고받는 국제서류
- 국내에서 회사(「공공기관의 운영에 관한 법률」에 따른 공공기관을 포함한다)의 본점과 지점 간 또는 지점 상호 간에 주고받는 우편물로서 발송 후 12시간 이내에 배달이 요구되는 상업용 서류
- 「여신전문금융업법」 제2조 제3호에 해당하는 신용카드

정답 ①

11 현행 「우편법 시행령」에서 정한 기본통상우편요금에 대한 설명으로 옳은 것은? ★

① 중량 25g 이하인 규격외우편물의 일반우편요금

② 중량 3g 초과 25g 이하인 규격우편물의 일반우편요금

③ 중량 5g 초과 25g 이하인 규격우편물의 일반우편요금

④ 중량 25g 초과 50g 이하인 규격외우편물의 일반우편요금

> **해설** 「우편법」 제2조 제3항에서 "대통령령으로 정하는 통상우편요금"이란, 제12조에 따라 고시한 통상우편물요금 중 중량이 5g 초과 25g 이하인 규격우편물의 일반우편요금을 말한다(「우편법 시행령」 제3조의2).
>
> 답 ③

12 통상우편물 접수 시 규격외 요금을 징수해야 하는 우편물의 개수로 옳은 것은? ★★

> ㉠ 봉투의 재질이 비닐인 우편물
> ㉡ 봉투를 봉할 때 접착제를 사용한 우편물
> ㉢ 수취인 우편번호를 6자리로 기재한 우편물
> ㉣ 누르지 않은 자연 상태에서 두께가 10mm인 우편물
> ㉤ 봉투 색상이 70% 이하 반사율을 가진 밝은 색 우편물
> ㉥ 정해진 위치에 우편요금 납부 표시를 하지 않았거나, 우표를 붙이지 않은 우편물

① 1개

② 2개

③ 3개

④ 4개

> '통상우편물의 규격요건 및 외부표시(기재) 사항'의 내용 중 '봉투에 넣어 봉함하거나 포장하여 발송하는 우편물의 규격
> 요건 및 외부표시(기재) 사항'을 위반했을 경우 '통상우편물의 규격외 취급'을 한다. 제시된 내용 중 '봉투에 넣어 봉함하
> 거나 포장하여 발송하는 우편물의 규격요건 및 외부표시(기재) 사항'에 해당하는 내용은 ㉠, ㉡, ㉢, ㉣이고, ㉤, ㉥은 권
> 장요건과 관련된 내용이다. 이 중 ㉠, ㉢, ㉣이 '봉투에 넣어 봉함하거나 포장하여 발송하는 우편물의 규격요건 및 외부
> 표시(기재) 사항'을 위반했으므로 규격외 취급을 한다. 따라서 통상우편물 접수 시 규격외 요금을 징수해야 하는 우편물
> 은 ㉠, ㉢, ㉣로 총 3개이다.
> ㉠ 재질: 종이(창문봉투의 경우 다른 소재로 투명하게 창문 제작)
> ㉡ 표면 및 내용물: 봉할 때는 풀, 접착제 사용(스테이플, 핀, 리벳 등 도드라진 것 사용 불가)
> ㉢ 우편번호 기재: 수취인 주소와 우편번호(국가기초구역 체계로 개편된 5자리 우편번호)를 정확히 기재해야 하며, 일
> 체의 가려짐 및 겹침이 없어야 함. 단, 여섯 자리 우편번호 작성란이 인쇄(2019년 10월 이전)된 봉투를 이용한 통상
> 우편물은 우편번호 숫자를 왼쪽 칸부터 한 칸에 하나씩 차례대로 기입하고 마지막 칸은 공란으로 두어야 함
> ㉣ 크기(두께): 최소 0.16mm, 최대 5mm(누르지 않은 자연 상태)
> • 권장요건(㉤, ㉥은 이를 위반)
> ㉤ 봉투 색상은 70% 이상 반사율을 가진 흰 색이나 밝은 색
> ㉥ 정해진 위치에 우표를 붙이거나 우편요금 납부 표시
>
> 답 ③

13 우편사서함에 대한 설명으로 옳지 <u>않은</u> 것을 모두 고른 것은? 〈변형〉 ★★

> ㉠ 사서함에 배달된 우편물을 정당한 사유 없이 30일 이상 수령하지 않을 때에는 사서함 사용계약을 해
> 지해야 한다.
> ㉡ 사서함 번호와 주소가 함께 기록된 우편물 중 당일특급, 특별송달, 보험취급, 맞춤형 계약등기, 등기소
> 포 우편물은 주소지에 배달해야 한다.
> ㉢ 사서함 신청을 받은 우체국장은 국가기관, 지방자치단체, 일일 배달 예정 물량이 100통 이상인 다량
> 이용자, 우편물 배달 주소지가 사서함 설치 우체국의 관할구역인 신청자 순서로 우선 계약해야 한다.

① ㉠   ② ㉡, ㉢
③ ㉠, ㉢   ④ ㉠, ㉡, ㉢

> 우편사서함에 대한 설명으로 옳지 않은 것은 ㉠, ㉡, ㉢이다.
> ㉠ (×) 사서함에 배달된 우편물을 정당한 사유 없이 30일 이상 수령하지 않을 경우 사서함 사용계약 우체국장은 사서
> 함 사용계약을 해지할 수 있다.
> ㉡ (×) 사서함 번호와 주소가 함께 기록된 우편물을 사서함에 넣을 수 있으며, 당일특급, 특별송달, 보험취급, 맞춤형 계
> 약등기 우편물은 주소지에 배달한다. 등기소포 우편물은 단서에 해당하지 않는다(주소지 배달 ×).
> ㉢ (×) 사서함 신청을 받은 우체국장은 국가기관, 지방자치단체, 일일 배달 예정 물량이 100통 이상인 다량 이용자, 우
> 편물 배달 주소지가 사서함 설치 우체국의 관할구역인 신청자 순서로 우선 계약을 할 수 있다.
>
> 답 ④

14 우편물의 발송에 대한 설명으로 옳지 <u>않은</u> 것은? ★★

① 부가취급우편물을 운송 용기에 담을 때에는 책임자나 책임자가 지정하는 사람이 참관한다.

② 행선지별로 구분한 우편물을 효율적으로 운송하기 위하여 운송 거점에서 운송 용기를 서로 교환한다.

③ 등기우편물을 발송할 때에는 우편물류 시스템으로 등기우편물 배달증을 생성하고, 생성된 배달증과 현품 수량을 확인한 후 발송한다.

④ 일반우편물은 형태별로 분류하여 해당 우편 상자에 담되, 우편물량이 적을 경우에는 형태별로 묶어 담고 운송 용기 국명표는 혼재 표시된 것을 사용한다.

 해당 내용은 부가취급우편물 발송과 관련된 내용이다. 부가취급우편물을 운송 용기에 담을 때에는 책임자나 책임자가 지정하는 사람이 참관하여 우편물류 시스템으로 부가취급우편물 송달증(등기우편물 배달증 ×)을 생성하고 송달증과 현품 수량을 대조 확인한 후 발송한다.

정답 ③

15 우편물의 운송에 대한 설명으로 옳은 것은? ★★

① 우편물 운송의 우선순위는 1순위, 2순위, 3순위, 기타순위로 구분된다.

② 우편물이 일시적으로 폭주하는 경우, 항공기 등을 이용하여 운송하는 것을 특별운송이라고 한다.

③ 임시운송은 물량의 증감에 따라 특급우편물, 등기우편물, 일반우편물을 별도로 운송하는 것을 말한다.

④ 우편물의 안정적인 운송을 위하여 우정사업본부장은 운송 구간, 수수국, 수수 시각, 차량 톤수 등을 우편물 운송 방법 지정서에 지정한다.

 ② 특별운송은 우편물의 일시적인 폭주와 교통의 장애 등 그 밖의 특별한 사정이 있다고 인정되는 경우에 우편물의 원활한 송달을 위하여 전세차량·선박·항공기 등을 이용하여 운송하는 것으로, 우편물 정시송달이 가능하도록 최선편에 운송하고 운송료는 사후에 정산한다.
① 운송할 우편 물량이 많아 차량, 선박, 항공기, 열차 등의 운송수단으로 운송할 수 없는 경우에는 1순위(당일특급우편물, EMS우편물), 2순위(익일특급우편물, 등기소포우편물(방문소포 포함), 일반등기·선택등기우편물 및 준등기우편물, 국제항공우편물), 3순위(일반소포우편물, 일반통상우편물, 국제선편우편물)의 순위에 따라 처리한다.
③ 임시운송은 물량의 증감에 따라 정기운송편 이외 방법으로 운송하는 것을 말한다.
④ 우편물의 안정적인 운송을 위하여 관할 지방우정청장이 운송 구간, 수수국, 수수 시각, 차량 톤수 등을 우편물 운송 방법 지정서에 지정한다.

정답 ②

16 국제통상우편물 종별 세부내용에 대한 설명으로 옳은 것은? ★★

① 인쇄물로 접수할 수 있는 것은 서적, 홍보용 팸플릿, 상업광고물, 도면, 포장박스 등이다.

② 그림엽서의 경우, 앞면 윗부분에 우편엽서를 뜻하는 단어를 영어나 프랑스어로 표시해야 한다.

③ 특정인에게 보내는 통신문을 기록한 우편물, 법규 위반 엽서, 법규 위반 항공서간은 서장으로 취급한다.

④ 소형포장물의 경우, 제조회사의 마크나 상표는 내부나 외부에 기록이 가능하나, 발송인과 수취인 사이에 교환되는 통신문에 관한 참고사항은 내부에만 기록할 수 있다.

해설

③ 서장(Letters)은 특정인에게 보내는 통신문(Correspondence)을 기록한 우편물(타자한 것을 포함)로, 법규 위반 엽서, 법규 위반 항공서간은 서장으로 취급한다. 엽서에 관한 규정을 따르지 아니한 우편엽서는 서장으로 취급하되, 뒷면에 요금납부 표시를 한 엽서는 서장으로 취급하지 않고 미납으로 간주하여 처리한다.

① 인쇄물로 접수 가능한 물품에는 서적, 정기간행물, 홍보용 팸플릿, 잡지, 상업광고물, 달력, 사진, 명함, 도면 등이 있다. CD, 비디오테이프, OCR, 포장박스, 봉인한 서류는 접수 불가한 물품이다. 단, 종이, 판지 등의 인쇄물 형태로 정보 전달의 내용이 포함된 인쇄물에 한한다.

② 우편엽서 앞면 윗부분에 우편엽서를 뜻하는 영어나 프랑스어로 표시(Postcard 또는 Carte postale)하지만, 그림엽서의 경우에 꼭 영어나 프랑스어로 표시해야 하는 것은 아니다.

④ 소형포장물의 경우 상거래용 지시 사항, 수취인과 발송인의 주소 · 성명, 제조회사의 마크나 상표, 발송인과 수취인 사이에 교환되는 통신문에 관한 참고 사항, 물품의 제조업자 또는 공급자에 관한 간단한 메모, 일련번호나 등기번호, 가격 · 무게 · 수량 · 규격에 관한 사항, 상품의 성질, 출처에 관한 사항은 우편물의 내부나 외부에 기록이 가능하다.

답 ③

17 국제우편 종류별 접수방법에 대한 설명으로 옳은 것은? ★

① 보험소포우편물 취급 시 중량이 '8kg 883g'인 경우, '8,900g'으로 기록한다.

② 우편자루배달인쇄물 접수 시 하나의 소포우편물로 취급하며, 우편요금과 별도로 통관회부대행수수료 4,000원을 징수한다.

③ 국제특급우편(EMS)은 내용품에 따라 서류용과 비서류용 2가지로 구분되며, 운송장의 번호는 KE 또는 KS 등 K*로 시작된다.

④ K-Packet의 발송인란에는 통관, 손해배상, 반송 등의 업무처리를 위해 반드시 한 명의 주소 및 성명을 기재해야 한다.

> **해설**
>
> ④ K-Packet은 2kg 이하 소형물품의 해외배송에 적합한 우편서비스로, K-Packet 운송장의 발송인란에는 통관, 손해배상, 반송 등의 업무처리를 위하여 반드시 한 명의 주소 · 성명을 기재한다.
>
> ① 보험소포우편물의 중량은 10g 단위로 표시하고, 10g 미만의 단수는 10g으로 절상한다. 선지로 제시된 8kg 883g의 경우, 8,890g으로 기록한다.
>
> ② 우편자루배달인쇄물(M-bag)을 접수할 때에는 하나의 통상우편물로 취급하며, 우편요금과 별도로 통관절차대행수수료 4,000원을 징수한다.
>
> ③ 국제특급우편물(EMS)의 운송장은 내용품에 따라 서류용과 비서류용의 2가지로 구분하며, 서류 등을 발송할 때는 번호가 주로 EE로 시작하는 운송장을 이용하고, 서류 이외의 우편물을 발송할 때(비서류)는 일반적으로 번호가 EM 또는 ES로 시작하는 운송장을 사용한다.
>
> 정답 ④

18 국제특급우편(EMS) 주요 부가서비스 및 제도에 대한 설명으로 옳은 것은? ★★

① 수출우편물 발송확인 서비스 대상 우편물의 경우, 발송인은 수리일 다음 날로부터 30일 내에 해당 우편물을 선적 또는 기적해야 한다.

② EMS 프리미엄 서비스는 1~5개 지역 및 서류용과 비서류용으로 구분되며, 최고 7천만 원까지 내용품의 가액에 한해 보험 취급이 가능하다.

③ EMS 프리미엄의 부가서비스인 고중량 특송 서비스는 전국 우체국에서 접수 가능하며, 우체국과 계약 여부에 상관없이 누구나 이용할 수 있다.

④ 2003년부터 EMS 배달보장서비스가 시행되어 운영 중이며, 실무에서 처리할 경우, 도착 국가에서 통관 보류나 수취인 부재 등의 사유로 인한 미배달은 배달완료로 간주한다.

③ EMS 프리미엄 주요 부가서비스 중 고중량 특송 서비스는 70kg 초과[71~2,000kg(체적무게 적용)] 고중량 화물을 팔레트 단위로 Door to Door 방식으로 배송하는 전문 특송 서비스로, 전국 우체국에서 접수 가능하며 모든 고객(개인 및 EMS 계약고객)을 대상으로 한다.

① 수출우편물 발송확인 서비스 대상 우편물은 발송인이 사전에 세관에 수출신고를 하여 수리된 물품이 들어 있는 우편물로 수리일로부터 30일 내에 선(기)적하여야 하며, 기일 내 선(기)적하지 아니한 경우에는 과태료 부과와 수출신고 수리가 취소된다.

② EMS 프리미엄 서비스(민간 국제특송사 제휴서비스)는 지역 및 대상에 있어 1~5지역 및 서류와 비서류로 구분하며, 보험 취급 시 우편물의 분실이나 파손에 대비하여 최고 5천만 원까지 내용품 가액에 대한 보험을 들어두는 서비스이다.

④ EMS 배달보장서비스는 EMS 배달보장일 계산 프로그램에 따라 발송지(접수 우체국)와 수취인의 우편번호를 입력하면 상대국 공휴일, 근무일, 항공스케줄을 참고하여 배달보장 날짜를 알려주는데 만약 알려준 배달예정일보다 늦게 배달되면 지연사실 확인 즉시 우편요금을 배상해주는 보장성 서비스로, 2005년 7월 25일 최초 시행되었다. 우편취급국을 포함한 모든 우체국에서 위 국가로 발송하는 EMS 우편물에 대하여 배달보장일이 제공 가능하지만, EMS 접수 시 수취인의 우편번호를 PostNet에 입력하는 경우에 한하여 배달보장일이 제공됨에 유의하여야 한다. 다만, 통관보류나 수취인 부재 등의 사유로 인한 미배달은 배달완료로 간주한다.

🔲 ③

19 우편사업의 보호 규정에 대한 설명으로 옳지 않은 것은? ★★

① 우편을 위한 용도로만 사용되는 물건은 압류할 수 없다.

② 우편물과 그 취급에 필요한 물건은 해손(海損)을 부담하지 않는다.

③ 우편을 위한 용도로만 사용되는 물건은 제세공과금의 부과 대상이 되지 않는다.

④ 우편물의 발송 준비를 마치기 전이라도 우편관서는 그 압류를 거부할 수 있다.

④ 우편물의 압류거부권 : 우편관서에서 운송 중이거나 '발송 준비를 마친' 우편물에 대해서는 압류를 거부할 수 있는 권리를 말한다.

① 우편업무 전용 물건의 압류 금지 : 우편업무를 위해서만 사용하는 물건과 우편업무를 위해 사용 중인 물건은 압류가 금지된다.

② 공동 해상 손해 부담의 면제 : 항해 중 침몰을 피하기 위해 화물을 버려야 하는 경우에도 우편물과 우편업무에 필요한 물건에 대해서는 부담을 면제받는 권리이다.

③ 우편업무 전용 물건의 부과 면제 : 우편업무를 위해서만 사용하는 물건(우편에 관한 서류를 포함)에 대해서는 국세ㆍ지방세 등의 제세공과금을 매기지 않는다.

🔲 ④

20 우편사업이 제공하는 선택적 우편 서비스에 해당하는 것은? ★

① 중량이 800g인 서류를 송달하는 경우
② 중량이 25kg인 쌀자루를 송달하는 경우
③ 중량이 20g인 서신을 내용증명으로 송달하는 경우
④ 중량이 2kg인 의류를 배달증명으로 송달하는 경우

 우편 서비스는 보편적 우편 서비스와 선택적 우편 서비스로 구분한다. 보편적 우편 서비스란 국가가 국민에게 제공하여야 할 가장 기본적인 보편적 통신 서비스를 말하며, 선택적 우편 서비스란 고객 필요에 따라 제공하는 보편적 우편 서비스 외의 서비스를 말한다.
② 20킬로그램을 초과하는 소포우편물이므로 선택적 우편 서비스에 해당한다.

보편적 우편 서비스	선택적 우편 서비스
① 2킬로그램 이하의 통상우편물 ② 20킬로그램 이하의 소포우편물 ③ ① 또는 ②의 우편물의 기록취급 등 특수하게 취급하는 우편물 ④ 그 밖에 대통령령으로 정하는 우편물	① 2킬로그램을 초과하는 통상우편물 ② 20킬로그램을 초과하는 소포우편물 ③ ① 또는 ②의 우편물의 기록취급 등 특수하게 취급하는 우편물 ④ 우편과 다른 기술 또는 서비스가 결합된 우편 서비스 [예] 전자우편, 모사전송(FAX)우편, 우편물 방문접수 등 ⑤ 우편시설, 우표, 우편엽서, 우편요금 표시 인영이 인쇄된 봉투 또는 우편차량장비 등을 이용하는 서비스 ⑥ 우편 이용과 관련된 용품의 제조 및 판매 ⑦ 그 밖에 우편 서비스에 부가하거나 부수하여 제공하는 서비스

답 ②

MEMO

좋은 책을 만드는 길
독자님과 함께하겠습니다.

도서나 동영상에 궁금한 점, 아쉬운 점, 만족스러운 점이
있으시다면 어떤 의견이라도 말씀해 주세요.
SD에듀는 독자님의 의견을 모아 더 좋은 책으로 보답하겠습니다.

www.sdedu.co.kr

2023 우정 9급 계리직 공무원 우편상식 기출예상문제집

개정8판1쇄 발행	2023년 03월 06일 (인쇄 2023년 01월 12일)
초 판 발 행	2016년 06월 10일 (인쇄 2016년 05월 24일)
발 행 인	박영일
책 임 편 집	이해욱
저 자	SD 공무원시험연구소
편 집 진 행	신보용 · 전소정
표지디자인	박종우
편집디자인	김예슬 · 박서희
발 행 처	(주)시대고시기획
출 판 등 록	제 10-1521호
주 소	서울시 마포구 큰우물로 75 [도화동 538 성지 B/D] 9F
전 화	1600-3600
팩 스	02-701-8823
홈 페 이 지	www.sdedu.co.kr
I S B N	979-11-383-4252-0 (13350)
정 가	12,000원